D1666490

Joachim Kopper

Sechs Vorträge

Gesamtausgabe der Werke von Joachim Kopper

Herausgegeben von Lutz Baumann, Stephan Grätzel,
Margit Kopper, Peter Reifenberg und Margit Ruffing

Band I

Joachim Kopper

Sechs Vorträge

Herausgegeben und eingeleitet von Lutz Baumann,
Margit Ruffing und Margit Kopper

Die Deutsche Nationalbibliothek verzeichnet
diese Publikation in der Deutschen Nationalbibliografie;
detaillierte bibliografische Daten sind im Internet über
http://dnb.de abrufbar.

wbg Academic ist ein Imprint der wbg.

© 2018 by wbg (Wissenschaftliche Buchgesellschaft), Darmstadt

Die Herausgabe des Werkes wurde durch die Vereinsmitglieder der wbg
ermöglicht.
Gedruckt auf säurefreiem und alterungsbeständigem Papier
Printed in Germany

Besuchen Sie uns im Internet: www.wbg-wissenverbindet.de

ISBN 978-3-534-40003-4

Elektronisch sind folgende Ausgaben erhältlich:
eBook (PDF): 978-3-534-40004-1
eBook (epub): 978-3-534-40005-8

Inhaltsverzeichnis

Vorwort

Der vorliegende Band versammelt sechs bisher unveröffentlichte Vorträge des deutschen Philosophen und Mainzer Hochschullehrers Joachim Kopper (* 31. Juli 1925 in Saarbrücken; † 17. April 2013 in Mainz) aus den Jahren 2008 bis 2013. Sie erscheinen im ersten Band der Gesamtausgabe der Werke Joachim Koppers, die auf 13 Bände angelegt ist. Die Herausgeber danken der WBG Darmstadt sehr herzlich dafür, dass sie Koppers Werk in der WBG academic-Ausgabe zugleich in Buchform, als eBook und im kostenfreien Open Access zugänglich macht, um bestmögliche Verfügbarkeit in der deutschen und internationalen Wissenschaftswelt zu gewährleisten. Auch gilt unser Dank den Inhabern der Rechte am Werk, die mit der freundlichen Überlassung der Abdruckrechte das Zustandekommen der Gesamtausgabe ermöglichen.

Die zahlreichen Buch- und Aufsatzpublikationen, die in dieser Ausgabe neu und möglichst vollständig herausgegeben werden sollen, sind größtenteils schwierig und kompliziert. Daher möchten die Herausgeber einen kleinen Band an den Anfang der Ausgabe stellen, der besonders geeignet ist, einen ersten Zugang zu Koppers Denken zu eröffnen, richtete sich doch die Vortragsreihe ausdrücklich an ein größeres Publikum, ohne dabei philosophische Fachkenntnisse vorauszusetzen.

Relativ kurze Zeit nach der Papstwahl Anfang 2005 erschien Anfang 2007 der erste Teil von Joseph Ratzingers Buch „Jesus von Nazareth". Die besondere Situation brachte es mit sich, dass dieses theologische Werk auf das Interesse einer breiteren, überkonfessionellen Öffentlichkeit stieß. So ergab es sich, dass der Erbacher Hof zu Mainz, die Akademie des Mainzer Bistums, an Joachim Kopper mit der Bitte herantrat, das Buch und sein Anliegen aus der Sicht eines Philosophen und Lutheraners zum Jahresbeginn 2018 zu besprechen und vorzustellen. Aufgrund der positiven Resonanz entstand hieraus eine Reihe religionsphilosophischer Vorträge, in denen Kopper an insgesamt sechs Terminen, jeweils im Abstand von einem Jahr, über Meister Eckhart, Spinoza und Kant sowie zum Thema der Ausgestaltung des christlichen Denkens in der Philosophie des Mittelalters und der Neuzeit sprach. Den letzten Vortrag hielt er im März 2013, kurz vor seinem Tod im April desselben Jahres.

Kopper sprach stets völlig frei, gestützt lediglich auf Zitate aus den Werken der behandelten Philosophen bzw. aus der Bibel. Der freie Vortrag war durch die persönliche Ansprache besonders gut geeignet, die Zuhörer in die abstrakte Materie des Nachdenkens über Religion und Glauben einzuführen. Dabei ist es für den Leser erstaunlich, dass die erst nachträglich verschriftlichten Vorträge in allen Punkten durchdacht sind und dass der Zeitrahmen von jeweils einer Stunde (der gelegentlich von anschließenden Fragen oder Anmerkungen aus dem Publikum etwas erweitert wurde) recht genau eingehalten wurde. Diejenigen, die einen näheren Einblick in Koppers Arbeitsweise hatten, wissen, dass diese Leichtigkeit und Unbefangenheit des Vortrags das Resultat einer jeweils sehr intensiven, wochenlangen Vorbereitung war, die insbesondere auf der wiederholten Lektüre der betreffenden philosophischen Texte und auch der biblischen Texte des Alten und Neuen Testaments bestand. In diesem Zusammenhang verwies Kopper stets auf das Ungewohnte und Neue der Worte Jesu, die wir als das Wort Gottes zu verstehen haben. Daher stand für ihn, bei aller Betonung der Bedeutsamkeit des 1. Buches Mose und der alttestamentarischen Propheten, die intensive Beschäftigung vor allem mit den Texten des Neuen Testaments im Vordergrund der Reflexion und Meditation des jüdischen und christlichen Denkens.

Die persönliche Ansprache und die freie Rede, die die Zuhörer in den Gedankengang mit einbezog, machte dabei jedoch die Herausgabe in Schriftform besonders schwierig. Zunächst musste der gesamte Text, mit den darin vorgetragenen Zitaten, möglichst wörtlich transkribiert werden, wobei die gelegentlich geringe Qualität der Tonaufzeichnung durchaus ein Problem darstellte. Als noch schwieriger erwies sich die anschließende Bearbeitung des erfassten Materials, wussten die Herausgeber doch, dass Joachim Kopper, wenn es darum ging, zunächst nur mündlich Vorgetragenes dann auch in Schriftform zu veröffentlichen, zumeist eine umfassende Neubearbeitung vornahm. Im Rahmen der Veröffentlichung der sechs Vortragstexte sollte zum einen der erfrischende Stil des freien Vortrags möglichst erhalten bleiben; zum anderen galt es, einen Text zu erstellen, der ein Mindestmaß an Anforderungen hinsichtlich der formalen Korrektheit und wissenschaftlichen Genauigkeit, die man von philosophischen Texten erwartet, aufweist. Dabei entschieden wir uns im Zweifelsfalle dafür, Joachim Koppers Worte möglichst nicht oder nur sehr wenig zu modifizieren, wohlwissend, dass der Autor in einer schriftlichen Äußerung zum selben Thema in vielen Fällen andere Worte gewählt hätte. Zur Wiedergabe einer besonderen Betonung oder Hervorhebung haben wir Fettdruck gewählt, längere Zitate oder bestimmte Termini sind kursiv gesetzt.

Die nunmehr zur Lektüre erstellten Vortragstexte stehen und sprechen für sich; sie verlangen – so lautete Joachim Koppers oft geäußerte Ansicht – neben dem Interesse für die jeweils angesprochene Thematik, kein Vorwissen. Daher möchten wir in dieser Vorbemerkung auch nur in aller Kürze auf das inhaltliche Anliegen des Denkens von Joachim Kopper eingehen. Er selbst verstand sein philosophisches Denken auch als ein Denken, das Besinnung und Glauben miteinander verbindet, so wie es am Anfang des Markusevangeliums heißt: „Die Zeit ist erfüllt und das Reich Gottes ist herbeigekommen. Tut Buße (besinnt Euch) und glaubt an das Evangelium." Buße, verstanden als Besinnung, als geistige Ein- und Umkehr und Glaube an das alleinige Geschehen des Willens Gottes kennzeichnen demnach seit Christi Zeit das religiöse Bewusstsein aller Menschen. Mit Jesus und seiner Verkündigung des Reiches Gottes hat sich das Wort Gottes selbst in die reale Geschichte eingebracht, worin Joachim Kopper das Hauptanliegen des Jesusbuchs von Papst Benedikt XVI. sieht. Koppers „Meditation des Christlichen in der Philosophie", auf der sein ganzes philosophisches Denken gründet, hebt hervor, dass sich das religiöse Selbstverständnis des Menschen, so wie es in der Weiterentwicklung und Erfüllung der jüdischen Religiosität zustande kam, in den Worten Christi endgültig Ausdruck gegeben hat. Die Welt und ihre Zeit gelten hierin nicht mehr für sich, als eigenständig gegebene Größen. Insbesondere die Zeit gilt, nach Jesu Worten, nicht mehr als Ordnung des Werdens und Vergehens, sondern als Modus der Erfüllung des jüdischen Denkens und Glaubens in der unmittelbaren Gegenwart des Reiches Gottes. In und durch die Verkündigung Christi geht die Welt als das Gegenwärtigsein Gottes in seinem Willen hervor; hiervon sprechen die Predigten Meister Eckharts, insbesondere die Armutspredigt, von welcher Kopper in seinem Vortrag zu Meister Eckhart hauptsächlich handelt. Das Denken Immanuel Kants spielt in allen Vorträgen eine zentrale Rolle. Zugleich ist seiner Religionslehre, der Lehre von der intelligiblen unsichtbaren Kirche, einer der Vorträge gewidmet. Im Vortrag zu „Leben – Sünde. Gesetz – Freiheit" geht das kantische religiöse Denken als Selbstvergewisserung des jüdisch-christlichen Denkens, das Kopper stets als Einheit angesehen hat, hervor. Kant hat dem durch die Worte Christi umgewandelten menschlichen Selbstverständnis in philosophischem Denken Ausdruck gegeben: „Gott, die Welt, und Ich, der Mensch ein Weltwesen selbst, beide verbindend." In der philosophischen Besinnung ist die Welt aus dem Wort Gottes und als das Wort Gottes, als das Geschehen des Willens Gottes, begriffen. Im Zeugnis der Evangelien spricht

Jesus insbesondere auch von Tod und Auferstehung; in und als das bleibende Vergangensein, als Erinnerung (in und an das „War" des Wortes, in Entsprechung zum Prolog des Johannesevangeliums), geht das hinfällige menschliche Dasein als das Offenbarsein des unbezüglichen göttlichen Willens hervor. Die Nichtigkeit der Kreatur kennt keinen direkten Bezug zur göttlichen Ewigkeit des „War", und dennoch fühlen und erfahren wir, so Spinoza, dass wir ewig sind.

Die Vorträge stellen im Gesamtwerk Joachim Koppers etwas Besonderes dar, indem sie das Eintreten in die Besinnung nahe bringen, wie sie dem Vortragenden selbst eigen und auch philosophisches Anliegen war. Bei aller Schwierigkeit konnten die damaligen Hörer sein Denken in seiner unmittelbaren Tiefe und Lebendigkeit mit vollziehen. Wir hoffen, dass es uns gelingt, dies nun auch durch die Lektüre der vorliegenden Texte zu ermöglichen und auf diese Weise den Charakter dieses ungewöhnlichen Philosophierens wiederzugeben und zu erhalten.

Lutz Baumann, Margit Kopper, Margit Ruffing

Joseph Ratzinger – Benedikt XVI.
Jesus von Nazareth

Akademievortrag im Erbacher Hof vom 17.01.2008

Es ist für mich eine große Erleichterung, dass aus philosophischem Blickwinkel vorgetragen werden soll, denn man wird feststellen, dass ich kein Theologe und erst recht nicht in der kritischen Bibelexegese bewandert bin. Ich werde nun möglichst schnell mit meinen Untersuchungen und Darlegungen anfangen, denn das Buch ist ja erstens ziemlich dick und zweitens ist es auch schwierig. Und zwar schwierig deswegen, weil das eigentliche Problem, das der Papst sich stellt, ist, dass man den historischen Jesus vorbringen will, und zwar als den, der der Sohn Gottes war. Das ist das Entscheidende: Es dreht sich darum, zu sehen, dass er göttlich war. Ich zitiere nun zunächst aus dem Vorwort, da entwickelt der Papst dies alles. Die eigentliche Schwierigkeit der Sache liegt am Anfang. Deswegen lese ich jetzt auf Seite 10 den allerersten Satz:

„Zu dem Jesus-Buch, dessen ersten Teil ich hiermit der Öffentlichkeit vorlege, bin ich lange innerlich unterwegs gewesen." Also ungefähr 40 Jahre – „In meiner Jugendzeit – in den 30er und 40er Jahren – hatte es eine Reihe begeisternder Jesus-Bücher gegeben [...] In all diesen Büchern war von den Evangelien her das Bild Jesu Christi gezeichnet worden, wie er als Mensch auf Erden lebte, aber – ganz Mensch – doch zugleich Gott zu den Menschen trug, mit dem er als Sohn eins war."[1] Das ist also das eigentliche Problem, das der Papst sich hier stellt, und er sagt jetzt[2]: Nachdem ich etwas älter geworden war – sagt er von sich selber – wurde ich mit dieser historisch-kritischen Bibelexegese konfrontiert und habe deren verheerende Wirkungen miterlebt. Nun hat es diese historisch-kritische Bibelexegese auch vorher schon gegeben, aber vielleicht hat der Papst sie nach dem Krieg in intensiver Weise zur

---

1 Joseph Ratzinger Benedikt XVI.: *Jesus von Nazareth*. Erster Teil. Von der Taufe im Jordan bis zur Verklärung. Freiburg/Basel/Wien: Herder-Verlag 2007, S. 10.
2 So sinngemäß auf S. 10–11.

Kenntnis genommen und dann gefunden, was diese historisch-kritische Bibelexegese angeht (das steht auf Seite 11): „Als gemeinsames Ergebnis all dieser Versuche ist der Eindruck zurückgeblieben, dass wir jedenfalls wenig Sicheres über Jesus wissen und dass der Glaube an seine Gottheit erst nachträglich sein Bild geformt habe." Er will nun auf den historischen Jesus zu sprechen kommen, indem er annimmt, dass sich diese kritische Bibelexegese überhaupt nicht wirklich mit dem historischen Jesus beschäftigt, sondern mit etwas, das lediglich der Gegenstand dieser Wissenschaft ist und nicht eigentlich die Sache. Das ist das Entscheidende an diesem Buch, und auch das Schwierige, denn auf welche Weise will man nun zeigen, dass Christus das Göttliche selbst in sich inkarniert? Das ist die eigentliche Schwierigkeit, nicht die historischen Bibelexegesen. Wenn diese keine besonderen Schwierigkeiten gefunden hätten, bliebe immer noch die Frage: Warum ist er denn nun eigentlich Gott? Da zeigt sich die philosophische Einstellung, die dem Ganzen meiner Meinung nach zugrunde liegt, sie ist das Eigentliche, das ihn bewegt: Kann man es wirklich historisch feststellen, dass hier Göttlichkeit stattgefunden hat? Und das kann er bei den historischen Bibelinterpreten nicht finden. Dazu lese ich im Anhang auf der Seite 409 auch wieder den ersten Satz – das Kapitel heißt *Literaturhinweise*: „Wie im Vorwort ausgeführt, setzt dieses Buch die historisch-kritische Exegese voraus und bedient sich ihrer Erkenntnisse, will aber selbst diese Methode überschreiten auf eine eigentlich theologische Auslegung hin." Die **theologische** Auslegung ist das, was ihm fehlt. Das Entscheidende ist, dass sie **theologisch** sei. Die andern waren keine wirklichen Theologen, sie waren Historiker, die das Theologische, um das es ging, nicht erkannt haben. Das wird also auf Seite 409 gesagt, und dazu lesen wir im Vorwort auf der Seite 14: „...für den biblischen Glauben ist es wesentlich, dass er sich auf wirklich historisches Geschehen bezieht." Das sagt er gegen das vorher Gesagte, dagegen, dass man Jesus das Göttliche nur sekundär, sozusagen als etwas, das diese Exegeten entdeckt haben, zuschreibt: Es findet eine Verkündigung statt, und man lässt den historischen Jesus auf sich beruhen. Im Grunde war er nur ein Mensch, und es gab noch eine Verkündigung. Das ist das, was den Papst ärgert. Zu Recht, nicht!

„...für den biblischen Glauben ist es wesentlich, dass er sich auf wirklich historisches Geschehen bezieht. Er erzählt nicht Geschichte als **Symbole** über geschichtliche Wahrheiten" – also dass sie noch eine höhere Einsicht über etwas rein Weltliches haben müssten, das der Theologe, der historisch vorgegangen ist, dann selbst entwirft – „sondern er gründet auf Geschichte, die sich auf dem Boden dieser Erde zugetragen hat. Das Factum historicum ist für ihn nicht eine auswechselbare symbolische Chiffre, sondern konstitutiver Grund: *Et incarnatus est.*[3] Jesus ist Leib geworden, er ist ein leiblicher Mensch geworden, das ist das, was er sagt: Wir müssen davon ausgehen, dass er leiblich da seiender Mensch ist und dürfen nicht darüber hinweg gehen und sagen: Jetzt behandeln wir den leiblich da seienden Menschen einfach nur als Menschen und **nicht** als den, der der Sohn Gottes genannt werden kann. Er sagt in seinem Buch, eigentlich hat Jesus von Nazareth sich selbst immer *des Menschen Sohn* genannt. *Sohn Gottes* kommt nur im letzten aller Evangelien, dem zeitlich spätesten, nämlich beim Johannes vor. Sonst heißt es: *der **Menschen**sohn.* **Des** Menschen Sohn. Des Menschen **Sohn**. Das ist eine interessante Sache.

Hier ist das Entscheidende für uns: *Et incarnatus est.* Er ist leiblich da. Incarnatus heißt im Fleische, **leiblich** anwesend, „– mit diesem Wort bekennen wir uns zu dem tatsächlichen Hereintreten Gottes in die reale Geschichte. Wenn wir diese Geschichte wegschieben, wird der christliche Glaube als solcher aufgehoben…"[4] – im christlichen Glauben geht es um das *Et incarnatus est* – Gott ist Leib geworden, ist als leiblich da seiender Mensch anwesend gewesen. Das wäre das Entscheidende, worum es dem Papst geht – das ist offenbar der geheime Elan, der in dem Buche steckt, und das haben die andern überhaupt nicht gesehen. Vor allem nicht die Verfasser der begeisternden Jesusbücher in seiner Jugend, nicht nur die Kritiker, die doch eine gewisse Forscherintensität gezeigt haben, sondern die Autoren dieser begeisternden Bücher haben es nicht gezeigt. Ich habe einen guten Freund gehabt, der vor einigen Jahren verstorben ist, ein Franzose, der sich mit Philosophie und Religion befasst hat, Edmond Ortigues[5] hieß er. Er hat diese Art Bücher

---

3 Joseph Ratzinger Benedikt XVI.: *Jesus von Nazareth*, S. 14.
4 Ebenda.
5 Edmond Ortigues (25.5.1917–12.45.2005), frz. Theologe und Philosoph. In Konflikt mit reaktionären Tendenzen der kath. Kirche nach dem 2. Weltkrieg wandte sich Ortigues der Philosophie zu, studierte u. a. bei Merleau-Ponty. 1961 nahm er einen Ruf an die Universität Dakar/Senegal an und gründete das dortige „Département de philosophie", an dem Joachim Kopper 1965–67 als Gastprofessor tätig war. Ortigues kehrte 1966 nach Frankreich zurück und war bis an sein Lebensende Professor für Philosophie an der Universität Rennes. Insbesondere anhand seiner letzten Publikation, eine Anthologie *Sur la philosophie et la religion. Les entretiens de Courances* (zusammengestellt von Pierre Le Quellec-Wolff und Marie Tafforeau. Rennes, Presses universitaires de Rennes), würdigte J. Kopper das theologisch-philosophische Denken des Freundes in seinen eigenen Vorlesungen. Zu Ortigues s. auch den Nachruf

tableaux poétiques, dichterische Gemälde genannt. Solche dichterischen Gemälde hatte man da, und Sie sehen, Papst Benedikt geht, ganz mit Recht, auch **nicht historisch** vor. Das steht nicht in der Einleitung, sondern ist meine philosophische Einsicht. Wenn ich den Herrn in schönen Bildern rhetorisch und schmeichelnd darstelle, dann ist das genauso schlecht wie die historische Exegese auch, wenn sie darüber das *Et incarnatus est* vergisst. Denn darauf kommt es an, und das macht die Sache so schwierig. Ich will es mir erlauben, mich dazu philosophisch zu äußern, um die Bemerkung durch den philosophischen Blickwinkel zu rechtfertigen (wobei ich annehme, dass die konfessionellen Unterschiede so minimal sind, dass man darüber in Hinsicht auf den Papst überhaupt nicht zu reden braucht. – Das sage ich als Mensch). Philosophisch ist die Sache so: Papst Benedikt ist ein Vertreter der modernen Bewusstseinshaltung. Es ist keineswegs anzunehmen, dass er so wie der Heilige Augustinus oder der Heilige Bernhard denken würde, das findet hier **nicht** statt. Sondern was stattfindet, ist, dass wir hier jemanden haben aus dem 20. oder 21. Jahrhundert. Und dieses 20. und 21. Jahrhundert, das müsste nun in seiner allgemeinen Bewusstseinshaltung charakterisiert werden. Das versuche ich nun, indem ich mich auf Kant beziehe.

Kant hat gezeigt, dass der reine Religionsglaube ein rein intelligibles Ereignis ist, wie er sich ausdrückte: ein reines Vernunftereignis, das keinerlei Beziehung zu den Geschehnissen in Raum und Zeit hat. Vielmehr sind wir als Menschen so beschaffen und so veranlagt, dass wir in uns diesen intelligiblen Glauben – jedenfalls der Anlage nach – tragen und diesen intelligiblen Glauben als das eigentlich unser Existieren ausmachende Wirkliche erfahren. Alles andere, was nachher noch dazu kommt, was in Raum und Zeit erlebt wird, ist irrelevant. Kant sagt daher: Wenn das Glaubensereignis rein intelligibel ist, dann brauchen wir auch keine göttliche Offenbarung in der Welt, nämlich im Raum und in der Zeit. Hierüber kann ich mich jetzt nicht in extenso äußern. Aber das ist klar: Der intelligible Glaube betrifft die Realität als solche des Menschen, und was wir hier in Raum und Zeit erleben, das ist, was Kant *bloße Erscheinung* nennt. **Erscheinung** – das müsste man philosophisch erörtern, was wir hier nicht in extenso machen können – bedeutet für unsere Erkenntnis, dass wir im Grunde immer Skeptiker, Zweifler, misstrauisch in Bezug auf das, was wir erleben und erfahren, sein müssen. Man kann zum Beispiel nicht wirklich zwischen Wahrnehmung und Einbildung unter-

von Jacqueline Rabain, in: *L'Homme. Revue française d'anthropologie*, n.175–176, 2005, 451–454.

scheiden, zwischen Traum und Wachsein, oder, wie Goethe meinte, zwischen Wahrheit und Dichtung; wobei das aber bei Kant bedeutet, dass, ganz egal, ob ich von Wahrheit oder von Dichtung rede, alles miteinander unter die Skepsis fällt. Kant hat das in Bezug auf die Welt untersucht: Man weiß nicht, woher die Welt kommt, man weiß nicht, was die Materie ist, man weiß nicht, was Zeit eigentlich ist, dieses Aufeinanderfolgen. Das alles ist unbekannt, aber innerhalb dieses Skeptizismus kann man Wissenschaft betreiben, wenn man sich dessen bewusst ist, dass das Ganze dem Skeptizismus völlig unterworfen bleibt und durch all diese Wissenschaft nicht geändert wird. Das ist eine schöne Einsicht, die der Papst natürlich auch realisiert hat, weil er ein moderner Mensch ist und als moderner Mensch die Kirche führt. Aber er meint nun, der Fehler bei Kant war zu meinen, er könnte die Erscheinung in Raum und Zeit von dem intelligiblen Ereignis, also von dem, was er meinetwegen den reinen Gottesglauben nennt, trennen. Und man könnte sagen, ja, wir haben dieses intelligible Ereignis, aber mit unserm Dasein in Raum und Zeit hat es nichts zu tun. So hört sich das bei Kant in der Tat im Wesentlichen an. Dagegen sagt nun der Papst: Dieses Selbstverständnis, das der Mensch von sich in seinem Verhältnis zu Gott und in seinem Verhältnis zu den andern Menschen hat, dieses Selbstverständnis findet überhaupt nur in der Zeit und im Raum statt. Und zwar so – das macht seine moderne Bewusstseinshaltung aus –, dass es in der Skepsis stattfindet: Man weiß nicht, was das überhaupt ist. Das macht aber nichts – weil das intelligible Ereignis nämlich davon nicht betroffen wird, wenn ich auch jetzt nicht weiß: Wo komme ich her, wo fahre ich hin? Jesus hat ja immer gesagt, wir Menschen sollen uns nicht unnötig mit dem Tod befassen; für ihn selbst galt das nicht, darauf komme ich noch. Das ist also die Situation, die ich hier herausstellen muss: Ich habe den Glauben in einer Welt, von der ich nicht eigentlich weiß, was das ist. Und in dieser Welt, von der ich nicht eigentlich weiß, was das überhaupt ist, in deren Milieu, im Milieu der Skepsis, stelle ich das *Et incarnatus est* fest. Da war er auch da, genauso erbärmlich wie wir, die wir nämlich über Geburt und Tod gar nichts wissen, und dann doch noch meinen, es wäre alles ganz klar.

Das war also die Seite 14, und nachdem wir das soweit gesehen hätten, können wir auf die Seiten 15 bis 16 zu sprechen kommen. Für Benedikt verhält es sich so: Das *Et incarnatus est* bleibt. Und das macht gerade die große Schwierigkeit aus: Dass es etwas ist, von dem wir nicht eigentlich wissen, was es ist, das uns aber alle und natürlich den Menschen Jesus auch betrifft. Das möchte ich jetzt behandeln. Da sehen Sie die ganze Schwierigkeit: dass ein Mann 40 Jahre über dieses Problem nachdenkt, nachher zum obersten Hirten der katholischen Kirche erhoben wird und damit nicht aufhört, sondern sagt, ich will dem jede freie Stunde widmen. Das ist schwierig zu verstehen, wenn sie das mit dem Üblichen vergleichen. Das ist ein außergewöhnlicher Mann, das zeigt sich an dem Ernst, mit dem er dieses Buch geschrieben hat und daran, dass er sagt, ich bin damit immer noch nicht fertig. Darauf möchte ich auch noch zu sprechen kommen, was er damit sagen will.

Das Vorwort gibt den eigentlichen Einblick in das Anliegen, denn er sagt nun: Meine Methode ist die theologische, die theologisch begriffene historische Methode. Und dazu gibt er in großer Bescheidenheit einige methodische Hinweise, in denen er sich gar nicht mit negativen Bemerkungen auf die andern Interpreten bezieht, sondern sagt: Das ist alles sehr nützlich, aber ich will die **theologische** Auslegung durchführen. Und wie stellt sich das dann dar? Dazu sagt er: „Die historische Methode" – die er nun hier vertritt – „muss ihrem Wesen nach das Wort in der Vergangenheit belassen." – muss ihrem Wesen nach das Wort in der Vergangenheit belassen… „Soweit die historische Methode sich treu bleibt, muss sie das Wort nicht nur als vergangenes aufsuchen, sondern auch im Vergangenen stehen lassen." Da würde ich nun sagen, dass es sich hier um philosophische Überlegungen handelt: **Vergangenheit**. Sehen Sie, häufig wird über die Zeit gesagt: Das ist dieser ewige Fluss, von Moment zu Moment, von Augenblick zu Augenblick, eine unendliche Reihe… Die Vergangenheit stellt das aber nicht dar, die Vergangenheit ist bleibend! Und auf die Weise dieses Bleibenden erfahren wir etwas, was, unabhängig von diesem Fluss, eine Geltung in sich selbst hat. Und das bezieht der Papst nun hier – ich kann wie gesagt nicht alles ausführlich bringen – auf das Entscheidende: „Diese historische Methode setzt die Gleichmäßigkeit des Geschehenszusammenhangs der Geschichte voraus, und deshalb muss sie die ihr vorliegenden Worte als Menschenworte behandeln." Das ist also der Punkt zwei, der für uns entscheidend ist: Jesus ist entscheidend als der **Sprechende**. Sobald ich mittels der historischen Methode dazu komme, dass das keine Worte von Jesus sind, ist das für mich nicht interessant. Aber wenn ich sagen kann: Ja, der, der sich damit befasst hat, dem ging's um den sprechenden Jesus, um das Wort Jesu, dann ist das die eigentliche Erfüllung der Bedeutung der Vergangenheit. Die angemessene Methode ergibt: Die Vergangenheit bleibt. Während die bloß historische Methode – erst war das und dann das und dann das, das geht dann immer so weiter – den Papst nicht interessiert. **Vergangenheit**: Gut, davon kann man auch ohne den Glauben handeln. Aber dann kommt **das Wort**. Das Wort muss auf die Weise dieser Vergangenheit verstanden werden. Und dann kommt das Dritte, das ich hier auch noch bringen will, es muss auf die Weise der Intelligenz verstanden werden, auf die Weise dessen, was er auch die historische Vernunft nennt. Das steht auf Seite 18: „...die christologische Hermeneutik, die in Jesus Christus den Schlüssel des Ganzen sieht und von ihm her die Bibel als Einheit zu verstehen lernt, setzt einen Glaubensentscheid voraus und kann nicht aus purer historischer Methode hervorkommen." Das habe ich mich also bemüht, mit der philosophischen Betrachtung zu zeigen: Bei Kant gibt es den reinen intelligiblen Religionsglauben, so wie bei Benedikt auch, bloß dass er sagt: Dieser Glaube muss in der Welt realisiert werden. Dass ich diesen Glaubensentscheid habe, kann ich durch nichts Weltliches erklären, ich kann ihn zum Beispiel nicht anerziehen und sagen: „Du musst schon im Kindergarten... – die Heilige Schrift usw. – kennenlernen, dann in der Schule..." – das geht immer so weiter – „du wirst immer gläubiger"... – das ist nicht möglich, weil das intelligible Ereignis unabhängig ist von allem, was in Raum und Zeit ist, obwohl es dadurch gefördert werden kann. Aber zuallererst ist es der Glaubensentscheid, der durch die historische Methode nicht erreicht wird. Und in diesem Glaubensentscheid muss ich nun das **Wort** als das verstehen, was als das Sprechen des Menschen diese Vergangenheit, in der ich es verstehen muss, mit ihrem eigentümlichen theologischen Sinn erfüllt. Sie sehen, da kann man sagen, dass das auch Luthers großes Anliegen gewesen ist: *Das Wort sie sollen lassen stahn.* (Die Unterschiede zwischen den Konfessionen lassen wir meiner Meinung nach beiseite, das lohnt nicht.) In dieser Situation kommt es allein auf den sprechenden Jesus, der zu den Menschen gesprochen hat, an. Und diesen Glaubensentscheid, den wir da haben, den müssen wir verstehen, und dazu sagt Papst Benedikt: „Dieser Glaubensentscheid trägt Vernunft – historische Vernunft – in sich und ermöglicht es, die innere Einheit der Schrift zu sehen und so auch ihre einzelnen Wegstücke neu zu verstehen, ohne ihnen ihre historische Originalität zu nehmen." Wenn Sie also z. B. bei der Bibelkritik Moses haben, dann sehen Sie, dass die ersten Schriften über Moses 500 Jahre, nachdem Moses wirklich gelebt hat, entstanden sind, dass sie ständig überarbeitet wurden usw., dass man gar nichts Sicheres wissen kann. Das ist aber für ihn gar nicht interessant. Denn Jesus unterscheidet sich von Moses, obwohl er sich von Moses her versteht, durch das **Wort**, durch das Wort spricht sich der sprechende Mensch aus dem intelligiblen Glauben in der Zeit aus. Und auf dieses Wort müssen wir hören. Und wenn wir das Wort als Wort verstehen wollen, dann brauchen wir historische Vernunft, und die folgt aus dem Glaubensentscheid. Und das Wort „historische Vernunft" ist natürlich ein Zeichen, dass der Autor Kantianer ist. Das ist natürlich für mich eine schöne Entdeckung: Der Papst ist selbst Kantianer. Gar kein Zweifel! Also, er nennt das historische Vernunft,

18

das gibt es bei Kant auch, aber das Entscheidende bei Kant ist das, was dem entsprechen würde, die **Seelenschönheit**.[6] Denn das Intelligible, das vor allem Raum und vor aller Zeit ist, kann den Menschen doch innerlich gestalten, und daraus ergibt sich dann so etwas wie *Seelenschönheit*, und die zeigt sich auch auf die Weise des Schreibens von **Büchern**. Auch das ist bei Kant und beim Papst dasselbe, auch Kant ist sozusagen über seinen Schriften gestorben, wobei das Problem immer das des Übergangs ist. Wie komme ich vom Intelligiblen in den Raum und in die Zeit hinein? Beim Papst ist das Entscheidende das Wort Jesu. Das verstehe ich in historischer Vernunft und dadurch in dem großen Zusammenhang der Verheißung, die an das Volk Gottes von Anfang an, nach der Bibel, gerichtet ist. Ich darf vielleicht gleich noch hinzufügen, dass es eine Anstrengung bedeutet, sich in dieser Einstellung zu erhalten; das nennt er hier die Einsicht darein, dass unser historischer Glaube immer den Charakter der Hypothese haben muss. Von Hypothesen hat man natürlich auch sonst bei der Geschichtswissenschaft gesprochen. Hier aber dreht es sich darum: Man muss dieses **Unendliche** auf die Weise und in dem Material ausdrücken, das an und für sich dem Skeptizismus unterworfen bleibt.

Ich will vielleicht, damit es sich nicht zu sehr auf mich allein bezieht, noch ein paar Bemerkungen über andere Stellungnahmen hinzufügen, zum Beispiel wird über Stegemann gesagt, dass der Professor für Neues Testament Benedikt XVI. in dem Anliegen unterstütze, nach dem historischen Jesus zu suchen, auf den sich die Christenheit beruft. Das sei schon immer das Anliegen der Jesusforschung gewesen. Allerdings betont Stegemann, dass niemand wisse, wie Jesus wirklich war, auch nicht der Papst. Wie jeder andere Jesusforscher vor ihm **konstruiere** auch der Papst lediglich, wie Jesus aus seiner Sicht gewesen sein **könnte**, er sehe daher nicht, dass das Buch Befreiung von den Nachteilen der Jesusforschung bringe; Jesusbücher seien Konstruktionen ihrer Autoren.[7] Stegemann scheint also ein tüchtiger Mann zu sein, ich habe da keine Kenntnis, weil ich nicht in diesem Bereich tätig bin. Da wollen wir vielleicht noch etwas über ihn hören: „Der evangelische Neutestamentler

6 Vgl. I. Kant: *Anthropologie in pragmatischer Hinsicht*. In: Akad.-Ausgabe, Berlin 1911f., Bd. 7, S. 242.
7 Vgl. dazu Wolfgang Stegemann: „Jüdischer Kyniker oder galiläischer Frommer? Forschen nach dem historischen Jesus heute". In: *Herder Korrespondenz Spezial: Jesus von Nazareth*, 2007, 6–10; dieses Heft der *Herder Korrespondenz* war J. Kopper bekannt, wie zahlreiche andere Rezensionen des ‚Papst-Buches‘. S. dazu auch Rainer Riesner: „Der Papst und die Jesus-Forscher". In: *Theologische Beiträge* 39, 2008, 329–345.

Stegemann kritisiert Josef Ratzingers Behauptung, der historische Jesus sei identisch mit dem Jesus der vier Evangelien. Der Papst behandelt die Evangelien als historisch zuverlässige Quelle über den historischen Jesus." Ein anderer, den wir hier haben, heißt Ohlig: Der biblische Kanon biete eine Sammlung unterschiedlicher Texte unterschiedlicher Gattungen und Abfassungszeiten, und divergierender Theorien, die zuerst gewürdigt werden müssten: „Nicht die historisch arbeitenden Exegeten zerstören die Gestalt Jesu, sondern das Problem ist vielmehr die Quellenlage selbst."[8]

Also wenn Sie diese Stellungnahmen mit dem vergleichen, was ich vorher gesagt habe, so kommt es darauf überhaupt nicht an. Denn der Skeptizismus bleibt. Wir handeln von uns selber in einem Milieu, das dem Skeptizismus unterworfen ist und in dem wir nicht wissen, woran wir eigentlich sind, und in diesem Rahmen machen wir nun munter darauf los. Es ist also egal, ob die Quellen nun so viel besser sind oder so viel schlechter, das Entscheidende für den Papst ist die Vergangenheit, das Wort Jesu, und die intellektuelle Anstrengung der historischen Vernunft, die nun die Vergangenheit durch das Wort Jesu versteht. Er sagt: In diesem Sinne verstehe ich das, was in der Bibel niedergelegt ist, in diesem Sinne lese ich das.

Nun will ich Ihnen das doch einmal bei der „Hochzeit zu Kana", von der handeln die Seiten 293–298 des Buches, dokumentieren, damit Sie sehen, wie das von mir, als einem, der nicht eigentlich Theologe ist, verstanden wird. Das Johannesevangelium ist das letzte der Evangelien. Es ist, in zeitlicher Hinsicht, später als die andern, die sogenannten Synoptiker: Matthäus, Markus und Lukas, erschienen. Und da hat Johannes ein Wunder Jesu gefunden, das das erste Wunder Jesu sein soll, und das heißt: *Die Hochzeit zu Kana*.

Man muss ja unterscheiden zwischen einem gläubigen und einem nicht mehr gläubigen Teil der Bevölkerung. Ihnen wird es ja meistens bekannt sein, was für ein Wunder das hier beschriebene ist. Insofern man das nach historisch-analytischer Methode ernst nehmen kann, möchte ich nur sagen, dass es ganz unwahrscheinlich ist, dass dieses erste Wunder großen Wirbel erzeugt habe, und die Synoptiker, die älter sind und früher dran waren, wüssten davon gar nichts. *Die Hochzeit von Kana* ist ein späterer Text. Aber das soll jetzt für uns egal sein. Wir sagen: Auch dem Johannes, so müssen wir das verstehen, ging es um das vergangene Dasein Jesu, nach seiner Auferstehung

---

8   Karl Heinz Ohlig: „Der Papst schreibt ein theologisches Buch." In: *Jesus von Nazareth" kontrovers: Rückfragen an Joseph Ratzinger*. Mit Beiträgen von Karl Kardinal Lehmann, Christoph Kardinal Schönborn u. a. Berlin/Münster 2007, S. 45.

hat er geschrieben, Auferstehung ist auch wieder etwas, das man nicht versteht, aber es sei nachher gewesen, und er hat da Jesus als den Sprechenden aufgefasst. Darum muss es jetzt für uns gehen. Hier habe ich dann also eine Lutherbibel[9], um auch einmal das Lutherische zu betonen. Daran hat mich geärgert, dass es heißt *Luther*bibel, obwohl ich überall feststelle – das ist mein Sprachgefühl –, dass da Verbesserer dran waren, die das alles besser auszudrücken wussten als das, was Luther ursprünglich geschrieben hat. Merkt man sofort, wie man von dem bedeutenden Mann herabsinkt, zu den Verbesserern. Kann man nichts machen. Also das steht im zweiten Kapitel:

Und am dritten Tag ward eine Hochzeit zu Kana in Galiläa; und die Mutter Jesu war da. Jesus aber und seine Jünger wurden auch auf die Hochzeit geladen. Und da es an Wein gebrach, spricht die Mutter Jesu zu ihm: Sie haben nicht Wein. Jesus spricht zu ihr: Weib, was habe ich mit dir zu schaffen? Meine Stunde ist noch nicht gekommen. Seine Mutter spricht zu den Dienern: Was er euch sagt, das tut. Es waren aber allda sechs steinerne Wasserkrüge gesetzt nach der Weise der jüdischen Reinigung, und ging in je einen zwei oder drei Maß. – Der Papst teilt mit, dass das so ungefähr 500 Liter je Maß gewesen sind – *Jesus spricht zu ihnen: Füllet die Wasserkrüge mit Wasser! Und sie füllten sie bis obenan. Und er spricht zu ihnen: Schöpfet nun und bringet's dem Speisemeister! Und sie brachten's. Als aber der Speisemeister kostete den Wein, der Wasser gewesen war, und wusste nicht, woher er kam (die Diener aber wussten's, die das Wasser geschöpft hatten), ruft der Speisemeister den Bräutigam und spricht zu ihm: Jedermann gibt zum ersten guten Wein, und wenn sie trunken geworden sind, alsdann den geringeren; du hast den guten Wein bisher behalten. Das ist das erste Zeichen, das Jesus tat, geschehen zu Kana in Galiläa, und offenbarte seine Herrlichkeit.*[10]

Also da hätten wir so ein Wunder, das sich besonders zur Untersuchung anbietet. Es ist klar, wenn wir uns innerhalb der Skepsis so ausdrücken, dass es weitgehend ein Produkt der Einbildungskraft ist. Kant hat in solchem Zusammenhang von der produktiven Einbildungskraft gesprochen[11], nämlich der, die keine Wahrnehmung braucht, um doch gegenständlich fassen zu können. Das ist interessant, auch bei der Seelenschönheit verhält es sich so, ich brauche keine Wahrnehmung wie zum Beispiel die, dass wir jetzt hier

---

9 Es handelt sich um den Standardtext gemäß der revidierten Ausgabe von 1912. In seinen späteren Schriften und Vorträgen hat Joachim Kopper aus der sog. Halleschen Bibel (1804) zitiert, die der Original-Ausgabe sprachlich nahe steht, im Gegensatz zu den zahlreichen späteren Revisionen der Luther'schen Übersetzung.

10 Johannes 2, 1–11.

11 Vgl. Kant: *Anthropologie in pragmatischer Hinsicht*, Akademie-Ausgabe VII, S. 177.

sitzen und miteinander sprechen usw., sondern es gibt auch eine produktive Einbildungskraft, durch die das, was wir im Raum und in der Zeit erleben, so sagt Kant, in Richtung dieser Seelenschönheit, die zugleich moralisch und ästhetisch ist, umgewandelt wird.[12]

Sie sind jetzt also auf der Hochzeit, und es gibt keinen Wein mehr, die Mutter Jesu spricht: *Sie haben nicht Wein.* Stellen wir uns doch diese Situation in der Vergangenheit vor: Erstens hat sie der Evangelist Johannes auch schon in der Vergangenheit niedergeschrieben, und wir verstehen das, was in der Vergangenheit geschrieben wurde, noch einmal in der Vergangenheit. Die Mutter sagt, *sie haben nicht Wein.* Da hätten Sie etwas, was ich sonst bei meiner Lektüre in den Evangelien nicht finde, das ist sozusagen ein Hinweis, der eine Anweisung ist: Sie haben nicht Wein. Und nun müssen wir uns das in dieser Vergangenheit vorstellen, das Sprechen, was ist das Bleibende darin? Nun, da können wir sagen, das, was wir eigentlich so schön besprechen wollten: Der Sohn ist da, Sohn, dieses Bewusstsein von Sohnschaft, die ja hier überhaupt eine besondere Rolle spielt, und hier ist es die Mutter! Die Mutter spricht zu ihrem Sohn: *Sie haben nicht Wein.* Darauf fährt er sie an und sagt: *Weib, was habe ich mit dir zu schaffen?* Natürlich! Warum? Denn: *Meine Stunde ist noch nicht gekommen.* Er hat sich auf diese Hochzeit und diese Feier gar nicht einstellen können, weil ihm seine individuelle Existenz hier auf dieser Hochzeit immer zugleich etwas ganz anderes bedeutet, das ihn, obwohl er einzelner Mensch ist, erfüllt. Und er drückt das dadurch aus, dass er darauf hinweist, dass er bald und zwar sozusagen in Erfüllung des göttlichen Ratschlusses, wird sterben müssen und von anderen Menschen zu Tode gebracht werden. Das ist also die Antwort des Sohnes auf die Mutter. Die Mutter ist nun die Mutter, sie hat das Verhältnis der Mutter zum Kind, der Mutter zum **Sohn**, der Sohnschaft. Und sie sagt infolgedessen zu den andern, den Dienern: *Was er euch sagt, das tut!* Sie wusste also genau, dass der Sohn seine Meinung ändern wird. Woran liegt es nun, dass er seine Meinung geändert hat? Weil der Herr, nachdem er als Mensch, als leiblicher, aufgebraust ist, das erkennt: Zum Leben gehört das Feiern, gehört besonders die Hochzeit, speziell im jüdischen Bereich natürlich dieses Erzeugen von Nachkommen, dazu. Das hat die Mutter nun ganz naiv von ihm verlangt und infolgedessen sagt er: Ich tue **doch** etwas.

Das ist die Situation, er macht tatsächlich etwas und spricht: *Füllet die Wasserkrüge mit Wasser, füllt sie bis obenan, schöpfet nun und bringt es dem*

12 S. Anm. 6.

Speisemeister, und sie brachten es. Der Speisemeister kostete den Wein, der Wasser gewesen war und wusste nicht woher er kam, die Diener aber wussten es, weil sie es geschöpft hatten. Der Speisemeister ruft den Bräutigam... – die Diener wussten es; ich habe jetzt hier, weil ich mich kurz fassen muss, die Stellen überschlagen, an denen die besondere Würde, die Macht und Vollmacht, mit der Jesus spricht und die von den Leuten erfahren wurde, in den Evangelien beschrieben wird. Es war auch bei diesen Dienern hier so, sie haben da in einer Weise etwas erfahren, dem sie sich gar nicht zu widersetzen getrauten, und sie kamen auch gar nicht auf die Idee, sich dem zu widersetzen. Der Speisemeister war aber nicht dabei gewesen. Der merkt nur, dass die Situation anders ist, dass da irgendwie etwas merkwürdig ist und wendet sich deshalb an den Chef, dem er sagt: *Jedermann gibt zuerst den guten Wein, du aber hast den guten Wein bisher behalten.* Was wird der Chef wohl dazu gesagt haben? Lass mal jetzt gut sein, es kommt nicht so drauf an! Schluss. Weil der nämlich mit der ganzen Situation nicht in Berührung kommt. Und dann kommt dieser Satz des Johannes: ein außergewöhnliches Wunder.

Jetzt können wir, wenn wir uns in diese Situation versetzen, von der ich die ganze Zeit rede, sagen: Dieses alles ist geschrieben im Sinne der Erinnerung – der Papst redet beim Johannes besonders viel von Erinnerung – *Erinnerung* – er schreibt auf die Weise der Er-innerung. Aber nach meiner Meinung darf man das nicht positiv sehen, sondern zur Erinnerung gehört, dass es **keine Wahrnehmung** war. Er erinnert es in dieser produktiven Einbildungskraft, die sich in die Dinge verwandeln kann, die deren eigentlichen Sinn herausholt, ohne dass diese deswegen gewisser werden. In dieser Weise hat der Evangelist Johannes also diese Situation gefasst und verstanden, dass dies dem Wort Jesu entspricht, das er nun als Kind zu seiner Mutter sagt, nachdem er vorher sozusagen der Situation entrückt war. Nun aber sagt er: Gut; es ist doch das eigentlich Vernünftige auf Erden, auch zu feiern, sich zu freuen, zu heiraten, Kinder zu haben. So sei es.

Der Papst nun hat hier besondere Schwierigkeiten, dieses Verstehen in der Vergangenheit und das Verstehen des Wortes in der Vergangenheit in der Weise, die die Anstrengung einer Hypothese bedeutet, in der Darstellung durchzuhalten. Denn er führt es doch wieder mehr oder weniger auf die Weise von in der Wahrnehmung vorkommenden Fakten durch. Und deswegen können ihn die historischen Analytiker auch angreifen. Und so haben die Analytiker es auch gemacht. Das Erste, das einem in der Lektüre begegnet, ist, dass er die Wunder fast überhaupt nicht in Frage stellt. Darauf kommt es aber für uns an, zu verstehen, was ein Wunder, in dieser Auslegung des *Incarnatus est,* eigentlich sein soll. Dazu dürfen wir innerhalb der allgemeinen Skepsis jetzt nicht etwa sagen: Da waren ja gar keine Wahrnehmungen usw. Sondern wir sagen, hier hat die Einbildungskraft, die aus dem intelligiblen Glauben, aus der Glaubensentscheidung vollzogen ist, eine Art und Weise des Verstehens der Realität durch diesen sprechenden Jesus gebracht, von dem man nun also doch, mit einer gewissen Vorsicht, sagen kann: Wir brauchen dieses Wunder nicht zu verbergen, weil wir nämlich gar nicht wissen, was die Realität, die kein Wunder wäre, eigentlich ist. Sondern es ist diese Situation des Menschseins, dass die Einbildungskraft – als produktive Einbildungskraft – ins Spiel kommen kann, und dass dieses durch das Wort Jesu erfüllt, bezeugt werden kann.

Ich will Ihnen gleichwohl sagen, wie der Papst es macht, er macht es etwas anders, auf eine Weise, wie es für Interpreten wie Stegemann und Ohlig angreifbar ist. So sagt er auf Seite 295: „Wenn Jesus zu Maria in diesem Augenblick von seiner Stunde redet, so verbindet er damit den gegenwärtigen Moment mit dem Geheimnis des Kreuzes als seiner Verherrlichung." Das glaube ich **nicht**, das muss ich klar ausdrücken. Das verbindet er nicht, sondern er war, weil er immer unter dem Geheimnis des Kreuzes, wenn wir das so nennen wollen, steht, nicht dazu angetan, sich in dieser Stunde in Kana darauf einzulassen, dass kein Wein mehr da ist. Sondern er war immer in gewisser Weise dem, was die andern interessiert hat, entrückt, das werden wir auch bei andern Gelegenheiten noch sehen, wenn wir noch Zeit haben. Also: „Wenn Jesus zu Maria in diesem Augenblick von seiner Stunde redet, so verbindet er damit den gegenwärtigen Moment mit dem Geheimnis des Kreuzes als seiner Verherrlichung. Und dennoch hat Jesus die Macht, diese *Stunde* zeichenhaft geheimnisvoll vorauszunehmen. Das Kana-Wunder ist damit als Antizipation der Stunde gekennzeichnet…" – als Antizipation der Stunde des Herrn, also Tod und Auferstehung – „…gekennzeichnet und von innen her an diese gebunden." Das ist eben, was man ein *tableau poétique* nennt. So war es **nicht**. Unter dieser Stunde steht er immer. Und deswegen hat er kein Interesse an Hochzeiten. Und wenn die Mutter kommt – die Mutter! – und er ist das Kind, ändert sich die Sache, und dadurch tritt er in eine ganz andere Beurteilung ein. Wenn man das alles sieht, dann kann man die Einbildungskraft, von der ich geredet habe, sehr wohl als solche gelten lassen, auch, wenn sie so sagen wollen, realiter, so dass die Diener wirklich nicht wussten, wie sie Einbildung und Wahrnehmung eigentlich unterscheiden sollen. Das gilt aber immer nur für den, der darauf als auf etwas Vergangenes hinblickt. Der kann eine solche Einsicht haben. Das kommt dem Menschen ja oft vor, dass er nicht weiß, ob etwas Einbildung oder Wahrnehmung war. Hier wird gesagt, in dieser Erscheinung, in der sie da stehen, in dieser Gegenwart Jesu, da scheint ihnen das als ganz normal, als die eigentliche Realisierung dieser Situation, und wenn ich das jetzt mit irgendwelchen Geräten gemessen hätte, um zu sehen, dass das Wasser immer noch dieselbe Zusammensetzung hat, dann würde das auch gelten, dass das so sein kann. Das ist alles. Ich bin kein Freund von diesen historischen Exegesen, das kann ich Ihnen offen sagen, man wirft es meist den Evangelischen vor, dass sie da besonders tüchtig sind. Aber das führt zu nichts. Denn ob ich da jetzt irgendetwas nehme, das auf der Hand liegt oder etwas, das nicht auf der Hand liegt, die Göttlichkeit geht doch niemals daraus hervor, denn ich muss mich fragen, worin die eigentlich liegt! Und wenn das, wie bei Benedikt, das eigentliche Problem ist, dann sind im Grunde diese Fragwürdigkeiten in der Überlieferung ein sekundäres Problem.

Das halte ich für eine wichtige Sache: Dass man sich mit der Göttlichkeit Jesu überhaupt nicht mehr befasst, sondern dass, davon ausgehend, dass die Lage der Dokumente verworren ist, niemand auf den Gedanken kommt, dass es sich darum dreht, die **Göttlichkeit Jesu** zu **verstehen.** Hier drückt sich das Wort Jesu aus, und zwar meiner Meinung nach in einer ganz stringenten Weise: Er ist beschäftigt mit dieser Last, die auf ihm liegt, seinen Tod meint, einen Tod, den Gott selber will. Und dann sagt er, ich muss mich aber, weil meine Mutter das will, doch jetzt mit dieser Hochzeit, dieser Freude und dieser Feier befassen, und siehe da, sie sehen plötzlich, dass Wein kommt. Wir dürfen uns nicht täuschen, indem wir das Ganze vernebeln. Dann kann man sich innerhalb des Skeptizismus so äußern, dass man sagt: Wir wissen gar nicht, was unsere Situation ist. Was sich uns zeigt, ist insgesamt dem Skeptizismus unterworfen Aber durch die Lektüre in der Vergangenheit der Worte Jesu kommen wir der Sache im Glaubensentscheid, wie der Papst sich ausdrückt, näher.

Aus Zeitgründen gehe ich nun zu Matthäus 25 über, worüber der Papst sich auf den Seiten 377–78 äußert. Zuvor führt er aus, dass „Sohn" der eigentliche Titel für Jesus gewesen ist, und dass auch er selbst sich den *Menschensohn* genannt hat. Also niemals den Sohn Gottes, das gibt es in seinem Munde nicht, und wenn man das einigermaßen verinnerlicht, dann sieht man auch, dass das ganz richtig ist. Sohnschaft geht hervor. Man begreift, was Sohnsein, was Lebendigsein ist, das ist in Jesus herabgekommen. Während man bei uns das Lebendigsein nicht begreift, man begreift immer nur das materielle Vorliegen: Das Kindchen ist jetzt da, das wird eben festgestellt, so wie wir uns immer nur leiblich anwesend feststellen; was hingegen Jesus darin fand, das war ursprüngliches Lebendigsein. Und aus diesem Lebendigsein spricht er jetzt zu den Menschen. Und dazu wollen wir dieses Kapitel aus

Matthäus 25 betrachten. Jesus redet über die Zeit des Jüngsten Gerichtes, und spricht zu ihnen in Bezug auf sein Dasein jetzt in der Welt:

Wenn aber des Menschen Sohn kommen wird in seiner Herrlichkeit und alle heiligen Engel mit ihm, dann wird er sitzen auf dem Stuhl seiner Herrlichkeit [...] Da wird dann der König sagen zu denen zu seiner Rechten: Kommt her, ihr Gesegneten meines Vaters, ererbt das Reich, das euch bereitet ist von Anbeginn der Welt! Denn ich bin hungrig gewesen, und ihr habt mich gespeist. Ich bin durstig gewesen, und ihr habt mich getränkt. Ich bin Gast gewesen, und ihr habt mich beherbergt. Ich bin nackt gewesen, und ihr habt mich bekleidet. Ich bin krank gewesen, und ihr habt mich besucht. Ich bin gefangen gewesen, und ihr seid zu mir gekommen. Dann werden ihm die Gerechten antworten und sagen: Wann haben wir dich hungrig gesehen und haben dich gespeist? oder durstig und haben dich getränkt? Wann haben wir dich als einen Gast gesehen und beherbergt? oder nackt und dich bekleidet? Wann haben wir dich krank oder gefangen gesehen und sind zu dir gekommen? Und der König wird antworten und sagen zu ihnen: Wahrlich ich sage euch: Was ihr getan habt einem unter diesen meinen geringsten Brüdern, das habt ihr mir getan.[13]

Das ist eine ganz bedeutende Stelle – eine bekannte Stelle, die Ihnen vor Augen steht, nehme ich an. Was besagt das also? Was ihr getan habt einem unter diesen meinen geringsten Brüdern, bis hin zu dem, der im Gefängnis sitzt, was ihr getan habt einem unter meinen geringsten Brüdern, das habt ihr mir getan. Das sagt doch gar nichts anderes, als: Dieser Einzelne, der da im Gefängnis sitzt, der bin ich selbst. Ich selbst bin dieser Gefangene. Oder umgekehrt ausgedrückt: Der Gefangene ist ich selbst. Der hungert und dürstet, der leidet, der krank ist, das alles ist Jesus selbst. Sehen Sie mal, da kommt eben heraus, das flechte ich jetzt so ein vor diesem ehrwürdigen Kreise: Einen Unterschied zwischen Theologie und Philosophie kann es ja gar nicht geben. Hier ist das Entscheidende, das ich Ihnen hier sage, und das ist eben das Neue Testament, dass der Herr jeder von uns selbst ist. Er selbst ist diese einzelnen Menschen. Das ist von dem Alten Testament völlig unterschieden. Da gab es das Volk Gottes, das Volk Gottes wiederum hat einen König, und der König wird wiederum bemüht, um Söhne zu erzeugen. Dann geht das durch die Geschlechter hindurch und dann hätten wir das Individuum. Wir haben das Individuum und die Art und dann vielleicht noch darüber die Menschheit als Ganze. Und das ist etwas, woran die Philosophie, die Theologie bis heute klebt: an der Unterscheidung zwischen Individuum, Art und

---

13 Matthäus 25,31-40.

Gattung! Dann ist es so, dass die Art immer nur durch die Individuen begreifbar ist. König David zum Beispiel, der erzeugte den und der erzeugte den und das geht immer so weiter bis auf Josef. Das ist völlig unterschieden von Jesus, und das macht die Bedeutung der Auferstehung aus. Dass er sagt: Diese sündigen Menschen, das bin ich selbst. Ich habe die Sünde auf die Weise dieser Menschen, die ich selber bin, inkarniert: *Et incarnatus est*. Und das ist das ganz Entscheidende, dass das hier stattfindet: Er ist selbst diese Menschen und diese Menschen sind er.

Deswegen habe ich mich in einer besonderen Weise erquickt gefühlt: Ich glaube, in der letzten Nummer, hier in diesen *Monumenten*, die von der Deutschen Gesellschaft für Denkmalschutz herausgegeben wird, ist eine Kirche zu Gischow[14] besprochen. In diesem Heft steht: „Gott beim Wort genommen. Daher umgab er nicht die Wohltäter, sondern die Armen mit dem Heiligenschein. Gott beim Wort genommen, so einfach wie ergreifend." Das hat mich in der Tat auch ergriffen, dass diese Autorin das so schön sagt: Es dreht sich hier um eine Dorfkirche mit der Darstellung eines unbekannten Dorfmalers. Spätgotisch. Spätgotischer Altar, da unten ist die sogenannte Predella, da sind diese ganzen Leute, der Gefangene, der Kranke, der Krüppel, alle mit dem Heiligenschein umgeben, weil sie der Herr selber sind. Ja, Leute, wie dieser Maler, die standen im Glauben. Es ist immer wieder erstaunlich, wie sich das ändert: Wir sind in der Reflexion bestimmt viel weiter fortgeschritten als dieser Maler, aber in der Glaubenseinsicht vielleicht nicht so sehr. Das ist wirklich erstaunlich, wenn man das hier sieht: Der eine sitzt im Gefängnis, der andere hat keine Beine mehr, alle mit dem Heiligenschein, sie sind der Herr selbst. Das steht hier, das kann man in der Bibel lesen, und das ist das Entscheidende, dass Jesus das alles, weil das der Wille Gottes war, übernommen und ausgetragen hat.

Es ist wichtig, wir müssen den Papst ernst nehmen, die Sache ist nach meiner Meinung von erstaunlicher Bedeutung, dass er gesehen hat, man muss das Historische auf die Weise der in Vergangenheit gemeinten Gegenwart Jesu im Wort verstehen. Dabei ist das Schwierige, und deswegen will er dann auch von dieser Thematik nicht ablassen, dass er das eigentlich Entscheidende,

---

14 Gischow ist eine kleine Gemeinde 3 km südlich von Lübz im Landkreis Parchim in Mecklenburg. Bei dem Artikel, auf den der Vortragende verweist, handelt es sich um einen Beitrag von Christiane Rossner: „Eine Bildergeschichte in Gischow. Gott beim Wort genommen." In: *Momente*. Magazin für Denkmalkultur in Deutschland, Heft 6, 2007.

nämlich den Tod und die Auferstehung und auch die Kindheit, die Geburt Jesu, bisher nicht hat behandeln können. So dass er also sagt, sofern mir die Kraft erhalten bleibt, will ich das noch nachtragen. Und dazu sage ich Ihnen nun, damit wir das in diesem Zusammenhang noch wenigstens anreißen: Von der Auferstehung ist in der Bibel überhaupt nicht die Rede, sondern es ist nur vom Auferstandenen die Rede, und dieser wird vorgestellt auf die Art und Weise wie der Herr, der noch **nicht** gekreuzigt war. Das heißt, ich stelle ihn jetzt mit denselben Reden wie vorher auch vor, vor allem, dass er mit den Jüngern isset, um zu zeigen, dass er wieder lebendig ist, und das alles, nachdem er – um Gottes willen – den Tod gestorben ist zur Erlösung der Sünder. Also, das Problem ist, und das geht aus dem, was ich bisher gesagt habe, in etwa hervor: Die Evangelisten waren in einer völligen Unfähigkeit, diese Göttlichkeit angemessen in Gedanken des gewöhnlichen Sterblichen auszudrücken. Und das gilt ja vielleicht bis heute noch, mit der Anwesenheit Jesu, die dieser Maler auf die Weise des Malens gesehen hat: Das sehen die heutigen Wissenschaftler nicht, da geht's immer noch nach Gattung, Art, und Individuum. Wenn der Herr ein Individuum ist, dann heißt das, dass dieses ganze Verfahren mit der Art und mit den Königen, die sich durch viele Geschlechter fortpflanzen, natürlich nicht die Herrlichkeit, die dieser Messias bringen sollte, sein konnte. Es ist also diese völlige Verwandlung eingetreten. Und das konnte man nicht angemessen ausdrücken, obwohl die Sache als solche eingetreten ist. Und deswegen hat sich unmittelbar nach der Auferstehung – wenn man das überhaupt so versteht, (aber ich meine, der dritte Tag, das ist ja die große Frage, ob ich das einfach wieder auf die Weise der Zeit verstehen darf) ergeben, dass da, wo vorher nur *ein* Glaube gewesen war, jetzt zweierlei Glaube entstand. Nämlich die, die sich weiter nach der alten Verheißung des Alten Testaments orientiert haben, und die, die sagten: Mit Christus ist etwas ganz Neues geschehen, wir müssen uns aus der Auferstehung verstehen. Das ist das Neue, das mit dieser Situation auf die Menschen zukam und dem sie in der Reflexion nicht entsprechen konnten. Deswegen ging es in der Partikularität unter. Wenn sie da zum Beispiel das Pfingstwunder nehmen; da hörten die Apostel – einige, die vom Herrn berufen waren, die Auferstehung und Erlösung zu verkündigen – in allen Sprachen reden, jeder hörte seine Muttersprache usw., und die andern haben dazu gesagt, sie sind voll süßen Weines. Das waren diejenigen, die beim jüdischen Glauben blieben, und die andern waren dann die sogenannten Judenchristen, die unter dem Einfluss, wenn ich das so sagen darf, des Apostels Paulus forciert wurden, gegen das Verbleiben im Judentum eine eigene Weise des für sich selbst bestehenden Gottesglaubens zu institutionalisieren. Der Apostel Pau-

28

lus ist ganz maßgeblich wirksam geworden, so dass aus der Einheit, die Jesus gemeint hat und die der Papst meint, eine Zweiheit des jüdischen und des christlichen Glaubens geworden ist. Und daran leidet er und will das mit seinem Buch überwinden, will zumindest helfen, es zu überwinden. Zu zeigen: Wenn wir die Auferstehung richtig verstehen, dann tritt eine ganz neue Weise ein, den Menschen zu verstehen, und wir sagen: Die frühere Weise war die durch David und Moses bestimmte, und die neue Weise ist die aus der Auferstehung. Aber die Art und Weise zu denken hat dem nicht entsprochen.

Aus dem Judenchristentum hat der Papst eine Schrift hervorgehoben, den Hebräerbrief. Der Verfasser ist unbekannt, stammt aber ganz ohne Zweifel aus dem Judentum. Dieser hat als Reflexion auf die Auferstehung, auf Christus, im Kapitel 9, ich beginne jetzt bei Vers 15, gesagt:

Und darum ist er auch ein Mittler des neuen Testaments, auf daß durch den Tod, so geschehen ist zur Erlösung von den Übertretungen, die unter dem ersten Testament waren, die, so berufen sind, das verheißene ewige Erbe empfangen. Denn wo ein Testament ist, da muß der Tod geschehen des, der das Testament machte. Denn ein Testament wird fest durch den Tod; es hat noch nicht Kraft, wenn der noch lebt, der es gemacht hat. [...] Denn Christus ist nicht eingegangen in das Heilige, so mit Händen gemacht ist, sondern in den Himmel selbst, nun zu erscheinen vor dem Angesicht Gottes für uns. [...] Nun aber, am Ende der Welt, ist er einmal erschienen, durch sein eigen Opfer die Sünde aufzuheben.[15]

Da, meine Damen und Herren, habe ich also den Eindruck, dass man mit Ernst auf das, was der Tod und die Auferstehung bedeuten, reflektiert hat. Und das nachher unter einem Haufen von Normen, Riten, Dogmen usw. untergegangen ist und man dafür gesorgt hat, dass diese Spaltung des Alten und des Neuen Testamentes bis heute fort gilt. In dieser Situation beruft sich der Papst, das haben andere auch bemerkt, weil es so offenkundig ist, auf einen jüdischen Rabbi namens Jacob Neusner, der ein Buch geschrieben hat: *Ein Rabbi spricht mit Jesus*, das 1993 in Amerika erschienen ist, 1997 hier in Deutschland, wieder neu aufgelegt jetzt 2007. Und dazu wird gesagt, in ein paar Zeilen im Verlagsprospekt[16] zusammengefasst: „Im Jesusbuch von Benedikt XVI nimmt dieses aus dem Jahre 1993 unter dem Titel *Ein Rabbi spricht mit Jesus* erschienene Buch eine wichtige Rolle ein. Mehrmals nimmt der Papst darauf Bezug, bezeichnet das Werk des jüdischen Religionswissenschaftlers, Judaisten und Rabbiners Jacob Neusner als das bei weitem wich-

---

15 Hebräer 9,15-17,24,26.
16 Das Buch ist im Herder-Verlag, Freiburg i. Br., erschienen.

tigste Buch für den jüdisch-christlichen Dialog, das in den letzten Jahren veröffentlicht worden ist. Nun ist das fiktive Gespräch, das Neusner als gläubiger Jude mit Jesus führt, neu aufgelegt worden."

Von dem, was der Papst hier sagt, will ich Ihnen zum Abschluss ein paar Sätze verlesen, damit Sie einen Eindruck von der Intensität bekommen, in der er mit diesem Mann spricht, einem Rabbi, der selber fiktiv mit Jesus spricht und darüber ein Buch geschrieben hat Ich lese: „Neusner, gläubiger Jude und Rabbi, ist in Freundschaft mit katholischen und evangelischen Christen aufgewachsen, lehrt mit christlichen Theologen zusammen an der Universität und steht dem Glauben seiner christlichen Kollegen mit tiefem Respekt gegenüber, bleibt aber doch zutiefst von der Gültigkeit der jüdischen Auslegung der Heiligen Schriften überzeugt. Seine Ehrfurcht vor dem christlichen Glauben und seine Treue zum Judentum haben ihn veranlasst, das Gespräch mit Jesus zu suchen."[17] – Über dieses Gespräch wird jetzt hier nicht weiter geredet, das ist, was in dem Buch eben behandelt wird, was man von Moses her als die Thora, als die Gesetze Gottes gesehen hat usw. – „Der Dialog des Rabbi mit Jesus zeigt, wie der Glaube an das Wort Gottes" – an das **Wort**, nicht wahr! – „in den Heiligen Schriften über die Zeiten hin Gleichzeitigkeit schafft."[18] Er sagt also, hier bei Neusner haben wir jemanden, der gemeint hat, mit Jesus sprechen zu können. In der Gleichzeitigkeit des christlichen und des jüdischen Glaubens. „Dann, nachdem das Gespräch beendet ist, berät er sich nochmal mit einem Kollegen, einem andern Rabbi." – also ein Gespräch zwischen den beiden: „Und dies, fragte der Meister", also der Andere, „dies hatte Jesus, der Gelehrte, zu sagen?" – „Nicht genau, aber ungefähr." – „Was hat er weggelassen?" – „Nichts." – „Was hat er denn hinzugefügt?" – „Sich selbst."[19] Dazu sagt nun Benedikt XVI.: „Dies ist der zentrale Punkt des Erschreckens vor Jesu Botschaft für den gläubigen Juden Neusner, und dies ist der zentrale Grund, warum er Jesus nicht folgen will, sondern beim ‚ewigen Israel' bleibt: die Zentralität des *Ich* Jesu in seiner Botschaft."[20]

Von dieser Zentralität Jesu in seiner Botschaft habe ich Ihnen also anhand dieser Geschichte hier reden wollen. Das Alte Testament ist leicht. Für jemanden, der daran gewöhnt ist, ist es überhaupt kein Problem, das, was da vorgebracht wird, zu verstehen. Aber das hier ist schwer. Dass ich sage: Dieser

17 Josef Ratzinger: *Jesus von Nazareth*, S. 134 f.
18 Josef Ratzinger: *Jesus von Nazareth*, S. 135.
19 Josef Ratzinger: *Jesus von Nazareth*, S. 136.
20 Josef Ratzinger: *Jesus von Nazareth*, S. 136 f.

Herr, der kurz danach gekreuzigt wurde, der dann auferstehen soll – man weiß nicht, was das ist, das ist in der Bibel nicht angegeben –, der sagt von sich: Jeder von diesen einzelnen Leidenden, Armen, Verfolgten, das bin ich selbst. Und da tritt natürlich eine Unmittelbarkeit, eine Herrschaft, wenn Sie so sagen wollen, auf, die unter dem alten Schema, unter dem wir heute immer noch weiter fortdenken, nicht erreicht werden kann. Und das ist das, was der Papst ganz deutlich gesehen hat, das ist es, wovor Rabbi Neusner als Vertreter des jüdischen Glaubens erschrickt – der Papst dagegen ist von der Einheit dieses Glaubens mit dem christlichen überzeugt. Der christliche Glaube ist kein anderer als der jüdische Glaube, in dem Sinne, wenn wir es so ausdrücken wollen, dass der Sache nach der jüdische Glaube sich im christlichen Glauben vollenden musste, und dass nun wieder in der geschichtlichen Domäne, der Skepsis, es dazu kommen muss, dass diese Einheit des jüdischen und des christlichen Glaubens auch erreicht wird. Und das ist ein Ziel, das es wirklich lohnt, so dass selbst der Papst, soweit wir das also feststellen können, bei diesen immensen Aufgaben, die er bewältigen muss, sagt: Ich lasse von diesem meinem Buche nicht. Ich bleibe dabei, das weiter zu überlegen.

Nun, der Hebräerbrief hat gesagt: *Er ist erschienen vor dem Angesicht Gottes für uns*, und ich darf dann noch ein allerletztes Wort vom Papst selber Ihnen verlesen, damit schließe ich dann: „Gewiss brauche ich nicht eigens zu sagen, dass dieses Buch in keiner Weise ein lehramtlicher Akt ist, sondern einzig Ausdruck meines persönlichen Suchens nach dem Angesicht des Herrn."[21]

---

21 Josef Ratzinger: *Jesus von Nazareth*, S. 12, unter Hinweis auf Psalm 27,8.

Meister Eckhart: Alle crêatûren sint ein lûter niht

Akademievortrag im Erbacher Hof vom 22. Januar 2009

Sie haben mich freundlich begrüßt und das Gewicht auch darauf gelegt, dass das, was ich zu sagen pflege, meistens etwas kompliziert ist.[1] Ich will mich natürlich bemühen, das nach Möglichkeit auszugleichen. Es ist eben so, dass es mit dem philosophischen Denken bei Meister Eckhart eine schwierige Sache ist; wir werden sehen, dass das sogar in einer Predigt von Meister Eckhart zur Sprache kommt. Ich will mich auf **eine** Predigt im engeren Sinne beziehen, denn dann hat man den Geist, die Intuition, aus dem diese Predigt gehalten ist, besser vor Augen, als wenn man einzelne Stellen zusammenträgt. Das werden wir sehen, dass er selbst in Angst war, dass man seine Predigt überhaupt versteht. Wenn ich das nun auslegen soll, dann muss ich sehen, dass ich möglichst vorsichtig verfahre und Ihnen nicht etwas vorlege, von dem ich dann später doch sagen muss, es war doch irgendwie nicht angebracht. Aber sonst sage ich, dass bei der Philosophie, jedenfalls nach meiner Überzeugung, irgendwelches Vorwissen, z. B. über den Geist des Mittelalters und dergleichen, überhaupt nicht nötig ist; sondern man muss sich an die Sache halten, mit der man sich gerade befasst. Das menschliche Denken, wenn es sich einigermaßen bemüht und wenn der Vortragende langsam spricht, hat dann doch die Möglichkeit, hinter diese Sache zu kommen.

Die Beschäftigung mit Meister Eckhart hat im 19. Jahrhundert wieder eingesetzt und sich dann im 20. Jahrhundert bis ins 21. Jahrhundert hinein verstärkt. Ich habe hier ein altes Büchlein von Quint[2], das unmittelbar nach dem Krieg erschienen ist. Er hat die Herausgabe der deutschen Werke über-

---

1 Joachim Kopper repliziert auf die freundliche Begrüßung und Einführung durch Peter Reifenberg, den Direktor des Erbacher Hofs.
2 Josef Quint, 1898–1976, Germanist, Professor in Breslau (1939–1945), Saarbrücken (ab 1948) und Köln (ab 1955).

32

nommen, als 1936 die Deutsche Forschungsgemeinschaft die große kritische Gesamtausgabe der gesamten deutschen und lateinischen Werke Meister Eckharts – soweit sie vorliegen, natürlich – in Angriff genommen hat. Quint hatte die deutsche Abteilung; sie war deswegen die schwierigere, weil hier, in der deutschen Sprache, die Texte meistens Predigten sind, die mündlich vorgetragen worden sind, und die dann, in einer Fülle von verschiedenen Dokumenten, überliefert worden sind, die alle eben nur das wiedergeben, was die Predigtgemeinde bei dem, was der Meister gesagt hat, herausgehört hat. Und daraus einen verbindlichen Text zu erstellen, zumal die verschiedenen Texte in den verschiedenen germanischen, mittelhochdeutschen Dialekten verfasst waren, ist nicht einfach. Und so ist Quint in seinem ganzen Leben mit dieser Gesamtausgabe, die 1936 schon begonnen worden ist, nicht fertig geworden. Sie ist von anderen dann später weitergeführt worden. Ich nehme an, dass er 1976 verstorben ist. Hier habe ich dieses alte Büchlein; ich war damals in Saarbrücken, wo es französisches Geld gab; Quint hat ein Vorwort geschrieben, das ich jetzt doch noch lesen möchte, bevor wir mit dem Meister Eckhart anfangen. Es ist nur fünf oder sechs Zeilen lang, damals, 1950, war alles knapp, es musste Papier gespart werden. Es heißt dort:

„Das Manuskript des vorliegenden Buches wurde bereits vor mehr als zwei Jahren (also 1948) abgeschlossen. Zeitbedingte Schwierigkeiten hemmten die Drucklegung und machten schließlich einen Verlagswechsel nötig. Für die bereitwillige Übernahme des Manuskripts zur Drucklegung und Veröffentlichung bin ich dem Verlag Max Niemeyer in Halle zu aufrichtigem Dank verpflichtet.“[3]

Als damals die DDR gegründet wurde und auch die Bundesrepublik, war es noch möglich, sich wegen solcher wissenschaftlichen Texte – das hier waren Texte zur deutschen Mystik, bestimmt für den Seminargebrauch an den Universitäten, für die Studierenden – an das bekannte Haus Niemeyer in Halle zu wenden, wenn in der Bundesrepublik Schwierigkeiten mit den Verlegern aufgetreten sind; und die haben das dann gemacht. So dass man sieht, welche Selbstverständlichkeit in dem gesamten deutschen Geist damals noch herrschte. Später war dann von dort nur noch solches zu bekommen, was ideologisch ausgerichtet war. Das ist hier nun gar nicht zu verbuchen. Quint hat es also erreichen können, dass man in Halle dieses Büchlein ver-

---

3 Dieses Vorwort findet sich nur in der ersten Auflage des *Textbuchs*, vor dem Umzug des Verlags Niemeyer von Halle nach Tübingen (Quint, Josef: *Textbuch zur Mystik des deutschen Mittelalters*. Halle/Saale: Niemeyer, 1950, dann Tübingen 1957 u. 1978).

öffentlicht hat. Dann hat man es in Saarbrücken gehabt, und da hat man es für französisches Geld gekauft. Das war ganz interessant, leider vergisst man, wie es damals nach dem Krieg war. Ich will dann nur noch einige Sätze, die Quint zu Eckhart und seinen Predigten sagt, anbringen:

„Diese Predigttexte sind bei der ausgesprochen spekulativen und hochgeistig-abstrakten Denk- und Ausdrucksweise des größten Meisters der deutschen Mystik und bei der fatalen ‚Zersetzung‘ seines Geistesgutes in der handschriftlichen Überlieferung bei weitem die schwierigsten, und, was die Herstellung und Interpretation des ‚Urtextes‘ betrifft" – das hat er hier in Anführungszeichen, das kann man ja gar nicht feststellen – „am lebhaftesten und leidenschaftlichsten umstritten und diskutiert, und sie werden es wohl auch fürderhin bleiben."[4]

Und dann, hier bei mir auf dem alten Papier, das schon längst aus dem Leim gegangen ist, kommen dann vier Predigten Meister Eckharts [Q 2, Q 9, Q 10, Q 11].[5] Sein ganzes Leben lang hat er [Quint] nur diese Geschichten gemacht. Das war ein bedeutender Mann. Was man sonst so nebenbei an der Universität macht, das machte er, als Germanist, aus der Lamäng. Er war dabei auch kurz angebunden. Aber diese Sache, die hat er, ohne Assistent, zustande gebracht. Zu mir hat er gesagt: „Nehmen Sie das wörtlich: Ich habe in den vergangenen 20 Jahren keinen einzigen Tag Urlaub gemacht." Es wird stimmen, so waren die damals. Passé! Er sagt: „Das Echtheits- und das textkritische Problem der nur in Nachschriften von Hörern überlieferten Predigten ist außerordentlich schwierig und kompliziert."[6]

Ich will nun von den von Quint herausgegebenen Predigten die Predigt Nr. 52 nehmen. Dazu gibt es ein Büchlein einer Kollegin aus Mainz, einer Germanistin, Frau Uta Störmer-Caysa, Reclam Nr. 18117, das nennt sich: „Meister Eckhart, Deutsche Predigten. Eine Auswahl."[7] Hier haben Sie die

---

4 Quint, *Textbuch*, S. VIII.
5 Die Predigt Q 52, *Beati pauperes spiritu* (die hohe Nummer verweist darauf, dass die Echtheit der Predigt nicht durch die im Zuge des Inquisitionsprozesses angefertigten Schriftstücke belegt ist, was als Hinweis auf ein sehr spätes Entstehungsdatum verstanden werden kann) ist im *Textbuch* Quints, das nur die o. g. Predigten bringt, nicht enthalten.
6 Quint, a. a. O., S. 2.
7 Störmer-Caysa, Uta: *Meister Eckhart, Deutsche Predigten. Eine Auswahl*. Reclam: Stuttgart 2001 (im Folgenden abgekürzt als *Auswahl*). Die *Armutspredigt* (Q 52) steht dort S. 108–122. Die Hrsg. stützt sich dabei nicht auf den Text Quints (*Der Deutschen Werke II*), sondern bedient sich der von Georg Steer im Jahr 1998 erstellten

Möglichkeit, sich das bequem ansehen zu können, wenn Sie den Wunsch haben sollten, sich etwas näher mit Meister Eckhart zu beschäftigen. Hier haben Sie auch die Predigt Nr. 52, die bei Quint im zweiten Band der „Deutschen Werke"[8] steht.

Die Predigt 52 heißt: *Beati pauperes spiritu*[9]. Ich bin nun kein Theologe oder Pfarrer, sondern mache Philosophie; es ist wohl immer noch so, dass es für die Predigt ein Predigtwort gibt, aus dem Evangelium oder dem Alten Testament oder von den Aposteln. Dieses Predigtwort wird der Predigt zugrunde gelegt, und so ist es bei Meister Eckhart auch, es steht obendrüber. Die Quintsche Predigt 52 heißt: *Beati pauperes spiritu*, selig sind die, die da arm sind im Geist. Das ist die erste dieser Seligpreisungen, Matthäus 5, Vers 3: Selig sind die Armen im Geiste, die da arm sind im Geist, die im Geist arm sind. Im Reclam-Band gibt es auch eine Übersetzung, an die kann ich mich für unsere Zwecke hier nicht gut halten, weil ich den originären Text vor Augen haben muss. Ich übersetze Ihnen das ins Neuhochdeutsche, weil ich sonst zu viel Zeit verlieren würde, wenn wir das alles im Mittelhochdeutschen lesen wollen. Aber die wichtigen Stellen werde ich mittelhochdeutsch lesen. Jetzt geht es voran, und wenn es Ihnen zu schnell geht, müssen Sie es sagen, dann mache ich langsamer. Es ist, wie gesagt, erforderlich, die Konzentration auf dieses Ganze eine Stunde lang durchzuhalten, denn das mystische Denken ist schwer. Dieses Gerede, dass die Mystiker eingezogen sind in das ewige Dunkel, in das Dunkel des Göttlichen eintauchen, das stimmt **nicht**.[10] Denn jeder Mystiker hat außerdem noch gelebt, wie wir alle zusammen auch. Dann war das entweder eine symbolische Rede, oder sonst etwas, und es war wahrscheinlich auch nicht ganz ehrlich. Das kommt alles dazu. Das haben wir hier nicht. Und dann ist eben die große Schwierigkeit, was dieses mystische Denken sein soll. Das *Mystische* ist auch nur ein Wort, das erst später, im 17. oder 18. Jahrhundert, auf diese Art von Denken angewendet wurde. Bei Meister Eckhart oder in der damaligen Zeit finden Sie das gar nicht. Das war jetzt die Einleitung, und jetzt geht es, langsam, laut und deutlich, los:[11]

Fassung, die den Quintschen Text leicht modifiziert. Joachim Kopper hält sich an diesen im Reclam-Band von Uta Störmer-Caysa abgedruckten mhd. Predigttext.

8 DW II, S. 486–506.

9 Der vollständige Titel in DW II lautet: *Beati pauperes spiritu, quoniam ipsorum est regnum caelorum.*

10 Betonungen des Vortragenden, auch in Zitaten, sind jeweils fett hervorgehoben.

11 Alle Übersetzungen wurden auf der Grundlage des mhd. Textes der Reclam-Ausgabe in freier Rede vorgetragen.

Die Seligkeit – Gott –[12] *tat auf den Mund der Weisheit, und sprach: ‚Selig sind die Armen des Geistes, denn das Himmelreich ist ihrer.' Alle Engel und alle Heiligen, und alles, was je geboren ward, das muss schweigen, wenn die Weisheit des Vaters spricht. Alle Weisheit der Engel und aller Geschöpfe ist nur eine bloße Torheit (lûter tôrheit) vor der grundlosen Weisheit Gottes. Diese hat gesprochen, dass die Armen im Geiste selig seien. Nun gibt es zwei Arten von Armut...*[13]
Das ist also jetzt das Erste, womit es losgeht.

Eine ûzwendigiu armuot – eine auswendige Armut, eine äußerliche Armut – und die ist gut, und sehr zu preisen – die weltliche Armut – in dem Menschen, der sie mit Willen tut, um der Liebe unseres Herrn Jesu Christi willen. Denn er hat sie ja selbst auf Erden gehabt. Von dieser Armut will ich aber nun nicht sprechen. Sondern es gibt noch eine andere Armut, eine inwendige Armut. Von der ist das Wort unseres Herrn zu verstehen, wenn er spricht: Selig sind die Armen im Geist.[14]

Also die inwendige und die auswendige Armut: Das, was wir zu allererst festhalten müssen, ist, dass es diese auswendige Armut gibt. Das heißt natürlich, dass es überhaupt das Leben hier in dieser Welt gibt, wobei ich mich unter anderem auch entschließen kann, arm zu sein und ein Leben zu führen, ohne den weltlichen Gütern und weltlichen Begehrungen nachzulaufen. Dass das also möglich ist, das wird hier überhaupt nicht in Frage gestellt. Sondern es ist sehr zu preisen. Sehr zu preisen! Und sehr zu Recht. Das ist ja der alte Spruch: Kann man das für möglich halten, dass ein reicher Mann ins Reich Gottes komme? Eher geht ein Kamel durch ein Nadelöhr. Die Armen, die sich in diesem Leben nicht um die weltlichen Güter reißen, sind hoch zu preisen. Aber es ist trotzdem nicht das, was er meint. Sondern er sagt: Das hat mit der Seligkeit nichts zu tun. Und es gibt eine andere Armut, nämlich die inwendige Armut, das ist diejenige, die zur Seligkeit führt. Inwendige Armut! Und jetzt sehen Sie ja deutlich: Von der auswendigen Armut lässt sich relativ leicht reden. Dazu braucht man kein Mystiker und kein Philosoph zu sein. Was die inwendige Armut sein soll, ist natürlich viel komplizierter. Was soll denn das sein? Auswendige Armut, das ist klar. Und ich lege besonderen Wert darauf, dass er nicht etwa meint, er will die auswendige

---

12 Erläuterungen innerhalb von Zitaten werden jeweils in Gedankenstrichen wiedergegeben.
13 *Auswahl*, S. 108 oben.
14 Ebenda.

verlassen und dafür in die inwendige eintreten. Sondern der Witz ist der, dass die auswendige **sehr zu preisen** ist! Aber sie führt **nicht** zur Seligkeit.

Ich kann jetzt natürlich hier nicht alles lesen, ich überschlage das Eine oder das Andere. Das ist klar. Und jetzt kommt das erste Mal, dass er sich bewusst wird, wie kompliziert diese ganze Situation für ihn, der auf der Kanzel steht und predigt, eigentlich ist. Er ist dann im Alter einem Inquisitionsprozess wegen Gefährdung des Glaubens im Volke unterworfen worden. Nur dadurch, dass er einen bedingten Widerruf geleistet hat – bezüglich dieser Sachen, die er in seinen lateinischen und deutschen Schriften gesagt hat, von denen sagt er, er würde das zurücknehmen, wenn es tatsächlich dem Glauben widerspricht...[15] Wenn nachher eine Aussprache sein sollte, kann ich das auch nach Quint zitieren. Geboren ist Eckhart um 1260, gestorben 1327. 1326 war diese Verurteilung von 26 Sätzen, aus den lateinischen und deutschen Schriften, durch die päpstliche Bulle *In agro dominico* – Im Acker des Herrn. Das sind immer die ersten Worte in diesen Bullen, in diesem Erlass. Und darüber ist er dann gestorben. Also das ist soweit klar, dass er diesem Prozess unterworfen worden ist, und dass er das natürlich vorher gemerkt hat. Und so etwas liegt auch dieser Predigt zu Grunde, die ich gefühlsmäßig zu den späten rechne. Ich nehme an, dass das bei Quint auch [der Fall] ist. Ich habe es allerdings bei ihm nicht genau nachlesen können, was er dazu meint. Da sagt er [Eckhart] nämlich jetzt noch, nachdem er diese Einleitung da hatte:

Nun bitte ich euch, dass ihr so sein möget, dass ihr diese Rede versteht, denn ich sage euch bei der ewigen Wahrheit, wer dieser Wahrheit nicht gleich sei, nicht das Gleiche mit dieser Wahrheit sei, von der wir nun sprechen wollen, dann werdet ihr mich nicht verstehen.[16]

Also das ist das Problem, vor dem wir jetzt hier stehen. Nun gibt er dann an, was er unter dieser Armut versteht, und sagt:

Das ist ein armer Mensch, der nichts will und nichts weiß und nichts hat. Von diesen drei Punkten will ich nun sprechen und bitte euch um der Liebe Gottes willen, dass ihr diese Wahrheit verstehen möget, wenn ihr es könnt. Versteht ihr sie nicht, so bekümmert euch nicht damit, denn ich will von solch einer Wahrheit sprechen, die auch von den Besten nur wenige verstehen.[17]

15 Hier bricht der Satz ab, es fehlt ein Ende wie „...konnte er sich persönlichen Zugriffen entziehen."
16 *Auswahl*, S. 108.
17 *Auswahl*, S. 108 u. 110.

Also er sagt: *so bekümmert ihr euch nicht*, weil er nämlich Angst hat, dass er die Leute sonst nur in Verwirrung bringt. Er war offenbar ein Mann, der wirklich guten Willens und wohlgesinnt war, keineswegs einer, der besonders auf seine Einmaligkeit gepocht hat. Er wollte nicht, dass er die Leute nur verwirrt. Wenn man es nicht versteht, wäre es besser, die Sache auf sich beruhen zu lassen, als sich in diese Sache irgendwie hineindenken zu wollen und nur ungewiss und unsicher zu werden. Und ganz am Schluss kommt dieselbe Sache nochmal, dass er den Wunsch hat, dass man sich nicht darum bekümmern möge, wenn man es nicht versteht.

Wir haben mit dem Verstehen angefangen und kämen jetzt auf drei Punkte: Arm ist der, der nichts will, der nichts erkennt – *Erkennen* steht auch für *Wissen* – und der nichts hat. Der nichts will: Es geht nun um die Seligkeit. Um die Seligkeit geht es auch anderen, die meinen, dass die Seligkeit dadurch erlangt werde, dass man nur dem Willen Gottes gehorcht, dass man keinen eigenen Willen mehr hat und nur das will, was Gott von einem will. Dabei werden Mittel angewendet wie: Wachen, Fasten, Beten, Bußübungen, Kasteiungen. Von alledem sagt er dann:

Gott soll ihnen geben das Himmelreich von seiner Barmherzigkeit, mit ihrer guten Meinung mögen sie das Himmelreich haben.[18] *Aber von **der** Armut, von der **wir** sprechen wollen, wissen sie nichts.*[19]

Das ist alles relativ einfach, weil das alles nicht dasjenige ist, was er meint und weil es leichter zu verstehen ist. Dass es eben Leute gibt, die sich in ihrer Frömmigkeit, um zur Seligkeit zu gelangen, dessen befleißigen, nur den Willen Gottes auszuführen und in dieser Weise arm sein wollen. Er sagt hier auch noch, dass diese Leute im Allgemeinen von den anderen hoch geachtet werden, als vorbildlich, dass das aber nichts mit der inwendigen Armut zu tun hat, um die es **ihm** gehe. Nun wollen wir sehen, auf die innere Armut zu kommen und die ersten Worte zu lesen:

*Solange also der Mensch das noch hat, dass es sein Wille ist, zu erfüllen den liebsten Willen Gottes, solange hat der Mensch nicht die Armut, von der wir sprechen wollen. Denn dieser Mensch hat einen Willen, mit dem er dem Willen Gottes genügen will. Das **ist nicht** die rechte Armut. Denn soll der Mensch wahrhaftig diese Armut haben, so soll er seinen geschaffenen Willen – also als Geschöpf –, so los sein (alsô ledic stân) –* das Wort ledig haben wir auch noch in dem Sinn: so los sein, so ohne diesen Willen sein, dieses Willens so ledig

18 *Auswahl*, S. 110.
19 Ebenda.

sein – *wie er es tat, als er gar nicht war. Denn ich sage euch bei der ewigen Wahrheit, solange ihr den Willen noch habt, den Willen Gottes zu erfüllen, die Ewigkeit und Gott* **begehrt***, solange seid ihr nicht arm. Denn das ist ein armer Mensch, der* **nichts** *will,* **nichts** *begehrt.*[20]

Jetzt müssen Sie sich das vor Augen halten, was ich vorhin gesagt habe: Die auswendige Armut, dieses Bemühen, nur den Willen Gottes zu erfüllen, betrifft überhaupt nicht unsere Situation. Zu versuchen, die Seligkeit durch auswendige Taten zu erlangen, gehört zur auswendigen Armut. Die ist zu preisen, und Gott möge ihnen das Himmelreich geben. Ich halte es also für ganz wichtig, dass man festhält, dass er in keiner Weise empfohlen hat, ins Dunkel einzukehren – was ja auch völliger Unsinn wäre. Das wird aber von der Mystik gesagt. Aber so ist es nicht, denn diese Leute haben trotzdem gelebt. Und da gibt es diese Armut, die man dann hat, wenn man sagt, ich will nur noch dem Willen Gottes folgen. Das ist nach Meister Eckhart immer noch eine äußerliche Armut, bei der ich noch den Willen habe, und nicht den Zustand, dass ich diesen Willen vollständig aufgebe. Worauf es für die Glückseligkeit ankommt ist also:

Das ist ein armer Mensch, der **nichts** *will und* **nichts** *begehrt.*

Und nun meint er, das Wort erläutern zu müssen; und dabei kommt er darauf, dass es für den Menschen ein erstes, ein sozusagen ursprüngliches Leben gegeben habe oder gibt, wo er im Bereich einer Selbigkeit war, die überhaupt keine Beziehungen zu etwas anderem hatte. Das wäre in dem Bereich, den er meistens die Gottheit nennt; er sagt manchmal auch Gott, wo hier wiederum der Gott, dessen Wille befolgt werden soll, zum Äußerlichen gehört. Also da wird gesagt:

Als ich in meinem ersten Lebensgeschehen stand, [...] da war ich die Sache meiner selbst, da wollte ich nichts und begehrte nichts. Denn ich war ein bloßes Sein [...][21]

Und da, in diesem ersten Zustand, wo er keinerlei Beziehung zu etwas anderem hatte, sondern nur er selbst ist, in Selbigkeit, also ein in sich geschlossenes Sein, der nichts will, das außer ihm ist, worauf er sich richten könnte, der also nichts begehrt. Davon heißt es auch:

---

20 *Auswahl*, S. 110 unten bis 112 oben. Der mhd. Text wird stets in freier Rede ins Nhd. Übersetzt, und zentrale Begriffe bzw. Passagen werden original zitiert.
21 *Auswahl*, S. 112 oben.

Da ich stand in meiner ersten Sache, – in meinem ersten Dasein – *da hatte ich keinen Gott.*[22]

Der Gott, den wir normalerweise haben, gehört zum äußeren Menschen. Alles hier steht unter dem Gesichtspunkt der Geschaffenheit: Wenn ich mich auf Gott beziehe, dann tue ich es aus der Geschaffenheit heraus. Dadurch, dass ich mich auf Gott aus der Geschaffenheit beziehe, dadurch kann ich die Seligkeit nicht erreichen. Es geht also immer um diese Seligkeit. Die erste Seligpreisung lautet: „Selig sind die, die da arm sind im Geist". Das kann nicht erlangt werden, wenn ich in den Grenzen der Geschaffenheit verbleibe und mich innerhalb dieser Grenzen der Geschaffenheit auch auf Gott beziehe und z. B. sage: ‚Ich nehme meinen Willen völlig zurück und will nur noch das, was Gott will', und mir dann aber diesen Gott als Gott im Bereich der Geschöpfe vorstelle, dabei immer noch meinen eigenen Willen habe und sage: ‚In meinem eigenen Willen gehorche ich jetzt dem Willen Gottes.' Das ist nicht das, was zur Seligkeit führt. Ich will das einmal lesen:

Als ich nun mein geschaffenes Wesen empfing, da **hatte** *ich einen Gott.*

Das andere war:

Da ich stuont in meiner ersten Sache, da hatte ich **keinen** *Gott.*

Das kommt da nicht vor, weil es keine Beziehungen äußerer Art gibt, wo ich sage: ‚Ich verehre den Herrn, knie vor ihm nieder', das findet in der Seligkeit, in *meiner ersten Sache,* die ich jetzt wieder aktiviere, **nicht** statt. Wohl aber im kreatürlichen Bereich, da ist alles in Beziehung. Und Kant, dem man nicht vorwirft, dass er besonders kirchlich gewesen wäre, sah Gott als den Oberherrn an; bloß, dass er sagte, das ist eine Weise, eine Vorstellungsweise des Menschen, die der Mensch sich selbst von Gott macht, als einem Oberherrn in moralischer Hinsicht, der mich verurteilt, der mich richtet, und in den ich andererseits mein Vertrauen setzen darf und stolz sein kann, wenn ich mich so verhalte, dass ich sagen kann: ‚Ich habe, mit einer gewissen Aufopferung, gut gehandelt'. Kant ist einer von den bedeutendsten Denkern. Er hat die Gottesbeweise widerlegt, die gibt's nicht, wenn man mit der Welt anfängt. Aber trotzdem kann man sich nach ihm Gott nur so vorstellen, dass man diese Tugenden hat: Dankbarkeit, Gehorsam, Demut. So ist, nach Kant, die Gottesvorstellung des Menschen immer noch. Und hier, nach Meister Eckhart, ist es so, dass man das alles verlassen muss, allen Willen, allen Willen zum Gehorsam, zur Demut usw. Das fällt alles weg; wenn es mir um die Seligkeit geht, dann muss ich alles, was überhaupt Willen ist, weglas-

---

22 *Auswahl,* S. 112 oben.

sen. Damit wird etwas verlangt, was der Mensch normalerweise gar nicht in Betracht zieht; denn in der ganzen Zeit des Denkens vom Beginn des Mittelalters an bis zu uns heute wird natürlich die Person, die menschliche Person als ein Wesen bestimmt, das will und das denkt. Ein Wesen, das will und das denkt. Und unter dieses Wollen und Denken hat man auch das Verhältnis zu Gott gestellt. Das ist das, was er aufhebt und sagt: Ja, das gilt alles, insofern ich geschaffen bin. Und da möge Gott denen, die solches tun, das Himmelreich geben, aber zur Seligkeit führt es nicht. Dafür muss ich den Willen aufgeben, wir können uns überhaupt nicht auf die Weise des Willens zu dem, was das Göttliche sein soll, verhalten. Ich will da noch ein bisschen weiterlesen:

*Als ich mein geschaffenes Wesen empfing, da hatte ich einen Gott. Denn bevor die Kreaturen waren, da war Gott **nicht** Gott. **Er war, was er war.***[23]

Er war, was er war. Das Entscheidende ist hier das **War**. Alle Dinge haben einen Anfang, das War ist über den Anfang erhaben. Wenn der Anfang ist, da **war** es schon. Und das geht immer so weiter, das War ist das, worüber man nicht hinauskommt. **Ich bin, der ich war.** „Im Anfang war das Wort" sagt ja auch das vierte, das Johannesevangelium. Also, das spielt bei ihm hier eine ganz besondere Rolle, das **War**: Die Vergangenheit, die eben nicht ihren ersten Anfang hat, sondern, wenn der Anfang war, da war es auch schon. Das War haben wir hier auf der Welt nicht. Wenn ich mir jetzt eine Vorstellung von Gott mache, dann ist er vorgestellt nach Art der gegebenen Dinge, der Personen, der Geister, wie immer ich mir das vorstellen will, aber ich beziehe mich auf irgendetwas, und nicht auf das **War**. Also nochmal, um mich so auszudrücken: Nach Eckhart kommt eigentlich Gott die Bezeichnung *Sein*, *ich bin*, gar nicht zu. Sondern er **war**; da kann man nichts machen! Immer **war, war, war**. Und wir **sind** hingegen. Darauf, dass wir eigentlich sind, kommen wir noch. Demgegenüber hat er Gott im Bereich des War, was nicht von der Art des Seins ist, das wir eigentlich kennen. Wenn wir aber von der Geschaffenheit ausgehen, dann richten wir uns auf Gott unter diesem Sein. Und wir loben ihn, wie Kant das eben schon gesagt hatte, danken ihm für seine Barmherzigkeit, danken ihm für die Weisheit, mit der er unser Leben wieder regiert hat, und alles solches. Das sind dann Sachen, wo wir uns zu einem Gott, der **ist**, verhalten und den wir nach unserer geschaffenen Weise ansehen. Und das fällt also nun weg:

---

23 *Auswahl*, S. 112 Mitte.

Als die Kreaturen wurden und ihr Geschaffensein empfingen, da war Gott nicht Gott in sich selbst, sondern er war Gott in den Kreaturen.[24]

Was wir normalerweise verehren, ist der Gott in der Kreatürlichkeit. Und dazu sagt er, das ist die Seligkeit **nicht**. Wenn ich die Gottheit (Gott**heit**, den Ausdruck hat er bisweilen) auf die Ewigkeit, auf die Seligkeit beziehen will, dann kommt der kreatürliche Gott, wie wir ihn uns machen, dem wir unterworfen sind, seine Barmherzigkeit mit Dank empfangen, ihm gehorchen, und ihn als Richter anerkennen, dafür überhaupt nicht in Frage; und zwar zunächst im ersten Punkt, in Bezug auf den Willen. In dieser Beziehung gibt es keinen Willen. Wir sind da willenlos. Ich hoffe, ich habe mich klar genug ausgedrückt: Ansonsten bleibt alles, wie es ist. Es ist mir ganz besonders wichtig, dass man nicht diesen Unsinn mit der Mystik macht, dass man sagen würde: Ich erhebe mich höher als die anderen Leute. Nein, nein, das ist für alle ganz gleich. Und da kann man schon meinen, dass wir es durch diese ganzen Entwicklungen, die darauf hinführen, die Gleichheit aller vor Gott deutlicher zu sehen, heute schon leichter als die Damaligen haben, den Meister Eckhart zu verstehen. Bei ihm hat man dieses beide, eines, dass man innerhalb der Kreatürlichkeit bleibt und eines, das auf dieses **War** geht. Eines, was man auch schon wieder schlecht ausdrückt, wenn man sagt: die Unbegreiflichkeit, das ganz Andere und dergleichen. Im Grunde ist das War eben das, was wir **nicht** haben, sondern wir haben nur die Erinnerung daran. Aber nicht das „Ah, ich erinnere mich an gestern" ist das War, sondern das War ist das, was sich nicht verändert, das Ursprüngliche, vor allem Anfang.

Dann wollen wir einmal sagen, dass wir für diese Sache mit dem Willen diesen Spruch nehmen können, in dem er hier mehr oder weniger diese Sache vollzogen hat:

Darum bitten wir Gott, dass wir Gottes quitt werden[25] – dass wir ihn loswerden.

Quitt, das sagt man ja auch heute noch. Ich jedenfalls sage das, man wird einer Sache quitt. Dass man ihn loswird.

Darum bitten wir Gott, dass wir Gottes quitt werden und dass wir die Wahrheit ergreifen und die Ewigkeit brauchen.

Anstelle des geschöpflichen Gottes hat er hier in seiner Ausdrucksweise *Wahrheit* und *Ewigkeit.* Die bezieht sich auf den Gott, der das War ist, und da wäre die Seligkeit. Wenn ich hingegen sage, Gott hat mich bewahrt und

---

24 *Auswahl*, S. 112, Mitte.
25 *Auswahl*, S. 112, 1. Abs. Mitte.

behütet, oder auch umgekehrt, ich bin Gott gegenüber ungehorsam, er wird mich richten usw., hat das mit der Ewigkeit **nichts** zu tun. Das kommt aber vor und wird **gepriesen**. Darauf lege ich großen Wert, dass er nicht behauptet hat, die Seligkeit erstickt alles andere. Das ist etwas, das auch noch dazukommt und womit wir uns noch weiter befassen müssen.

Wir kommen zu dem zweiten Punkt, dass er sagt: Selig ist der, der nichts weiß.

Wir sagen, dass der Mensch, der diese Armut – dass er nichts weiß und nichts erkennt – haben soll, so leben soll, dass er nichts weiß, dass er in keiner Weise weder sich selbst noch der Wahrheit noch Gott lebt. Er soll alles Wissens so los sein, dass er nichts weiß und erkennt und fühlt davon, dass Gott in ihm lebe. Ja er soll quitt sein alles Erkennens, das überhaupt in ihm lebt.[26]

Das wäre jetzt der zweite Punkt: Er erkennt auch nichts. Sie müssen bedenken, wenn wir jetzt hier sind und das wissen, dann nennen wir das Erkennen. Das hat immer so geheißen. Die ganze Breite des Wissens und Erkennens, Wissenschaft und Theologie, aber auch, dass man hier ist und weiß, man sitzt in diesem Raum, dafür hat man immer schon das Wort *intellectus,* Verstand, Vernunft verwendet, und dieses umgreift alles. Dass wir hier miteinander sprechen können und auch, dass ich uns hier versammelt sehe, dazu gehört der Verstand. Und das soll jetzt alles wegfallen. Wenn ich also innerhalb dieses Verstandesbereichs sage: Ich sehe überall, wie die Natur die Weisheit Gottes usw. ausdrückt – dann ist das sehr gut und für **diese** Welt zu preisen, aber nicht für die Armut, die auf die Seligkeit führt. Und diese Armut, die auf die Seligkeit führt, die sagt, wir können auch nicht erkennen, wir dürfen auch nicht erkennen. Die Erkenntnis Gottes müssen wir ebenso los sein, wie das Wissen um Gott. Das andere war: Wir wissen noch um Gott und wollen seinem Willen folgen. Das gilt aber nicht, sondern wir müssen allen Willen aufgeben. Wir können uns nicht auf den Willen beziehen, wenn es uns um die Seligkeit geht. Das mit der Erkenntnis ist in gewisser Weise schwieriger: Wir können nicht erkennen, wenn es uns um die Seligkeit geht. Da ist kein Wissen, kein Erkennen, kein Wollen. Das fällt alles weg. Das ist der zweite Punkt, den er hier hat, und der hat natürlich dazu geführt, dass man ihm später diesen Inquisitionsprozess angehängt hat. Der Hl. Thomas war nicht sehr viel älter als Eckhart, nämlich 1215 geboren. Er war Dominikaner, genauso wie Eckhart. Eckhart hatte dort die höchsten Chargen inne und war Professor in Paris, einige Zeit nach dem Hl. Thomas. Der Hl. Tho-

---

26 *Auswahl,* S. 112, Mitte.

mas hat die *Summa theologica* geschrieben und gilt als der große Theologe, der das Ganze auch philosophisch begründet hätte, unter dem Einfluss des Aristoteles. Nach ihm wird eben gesagt, wir fangen einmal an mit dem geschöpflichen Sein, und dann sehen wir, alles muss eine erste Ursache haben, einen obersten Sinn, eine innere Weisheit, die alles regiert, eine Sittlichkeit, die allem innewohnt, das überhaupt lebt. Und auf diese Weise, vernünftig, kommen wir zu einem ersten und obersten Wesen. Das bleibt dann in gewisser Weise blass und rational, sozusagen ohne ein eigenes Wort. Wenn man aber das Wort *Gott* nun darauf anwenden will, dann braucht man zusätzlich die Offenbarung. So hat er das gemacht, und deswegen nennt sich das Summa *theologica*. Vorne wird zunächst nachgewiesen: Es gibt ein oberstes und notwendiges Sein. Der Hl. Thomas geht dann so zu dem Anderen über: Dieses Oberste nennen alle Gott – *id omnes dicunt Deum,* das nennen alle Gott. Und der ist zu den Menschen in ein Verhältnis getreten durch Offenbarung. Er hat sich mitgeteilt, kundgegeben, man hat ihn gehört. Das ist der Sinn, der die göttliche Offenbarung empfängt. Es gab bei anderen Völkern, die sich nicht in diesem christlichen Sinne verstanden, natürlich auch das Tao, Orakel und Weisheiten, die den Gottesglauben initiieren konnten; aber vom Judentum und vom Christentum her ist es das Hören; der Herr **spricht**. Der Herr spricht, und er spricht auch durch die Propheten. Die Propheten haben gesagt: „Ich aber sage euch…", nämlich nicht der betreffende Prophet, sondern Gott sagt das durch den Propheten. In dieser Weise also offenbart sich der Herr, und dann hat man einen Gott. Und nun sagt Eckhart dazu: Das ist alles nichts; das ist ja alles zur Erkenntnis gehörig und erkennen darf man **nicht**, wenn es einem um die Seligkeit geht. Die Seligkeit bedarf einer völligen Abkehr von aller Erkenntnis. Dazu muss man erkenntnislos und willenlos sein. Erkenntnislos heißt: Man weiß **nichts**. Man kann nicht den Willen Gottes ergründen, sondern weiß auch überhaupt nichts von ihm. Das ist das nächste. Das ist also das, was man Mystik nennen kann – wenn man dabei aber auch festhält: Es ist sehr zu preisen, wenn man sich damit auch gar nicht befasst. Dann kann man sehr wohl ein Verhältnis zu Gott haben, aber unter dem Zeichen der Geschaffenheit. Und diese Geschaffenheit, die führt nicht zur Seligkeit als solcher. Sondern man muss, um zur Seligkeit zu gelangen, die Geschaffenheit loswerden. Jetzt kann man vielleicht als Theologe sagen, Christus habe dieser Notsituation für den Menschen abgeholfen. Das tut **er nicht**, sondern jetzt muss jeder selber sehen, ob er nicht aus dieser verzwickten Situation heraus zur Einheit mit Gott, zur Seligkeit kommen kann. Das müssen wir auf jeden Fall noch besprechen, sonst hat die Sache keinen Sinn. Ich will jetzt das lesen, was er dazu sagt:

Des Menschen Werk ist minnen... – das Wollen. So hat der Hl. Bernhard den Willen neben die Liebe gestellt, und der Hl. Thomas mehr das Erkennen.

Nû ist des menschen eigen werk minnen und bekennen. Nun ist des Menschen eigenes Werk das Lieben und das Erkennen. *Und nun ist die Frage, woran die Seligkeit am allermeisten liege. Etliche sprechen, sie liege am Lieben. Andere, es liege am Bekennen – am Erkennen – und am Lieben. Die sprechen besser. Aber wir sprechen, dass sie weder am Erkennen, noch am Lieben liegt:* – die Seligkeit liegt weder am Erkennen, noch am Lieben – *Sondern, es ist ein Eines in der Seele, von dem kommt das Erkennen und das Lieben her.* – Von dem geht es aus – *Und das erkennt aber selbst nicht und liebt nicht, so wie es die Kräfte der Seele tun.*[27]

Der Wille und das Erkennen haben also gewisse Funktionen, aber dieses Eine, das erkennt und will nichts. Infolge dessen ist da eine völlige Leere. Denn dieser Satz, der ist das, woran die Seligkeit liegt:

Dieses – Eine – hat weder vor noch nach, – vorher und nachher – *es wartet keines zukünftigen Dinges...*

Also des letzten Gerichts oder dergleichen, was man normalerweise als zum Glauben dazugehörig ansieht. Wenn man aber in dieser Situation des Geschöpfs verbleibt, dann ist von Meister Eckhart aus daran nichts zu beanstanden.

*...es wartet darauf auch keines zukünftigen Dinges, denn es vermag weder etwas zu gewinnen noch zu verlieren. Es ist **beraubt** –* dieses Eine, d. h. es ist völlig arm, es ist leer, es hat überhaupt nichts – so dass es auch nicht weiß, *dass Gott in ihm wirke.*[28]

Das ist das Entscheidende, dass man das auch von Gott nicht weiß: „Er hat mich behütet." All das, was normalerweise zum Glauben dazugehört – bei kleinen Kindern, Enkeln, all das, was man im Leben so hinter sich bringt, da ist das ja mit dem Glauben automatisch verbunden. Das wird also alles hier für die Seligkeit ganz abgelehnt; für die Seligkeit, nicht für den Glauben als solchen.

*Also sprechen wir denn, dass der Mensch so bloß und ledig dastehen soll, dass er nicht wisse und nicht erkenne, dass Gott in ihm wirkt. **So mag der Mensch***

---

27 *Auswahl*, S. 112, 2. Abs.
28 *Auswahl*, S. 112, 2. Abs. unten.

Armut besitzen, dass er nicht wisse und nicht erkenne, dass Gott in ihm wirkt.[29]

Das ist ein wichtiger Punkt, deswegen führt er das auch noch weiter aus: *Die Meister sprechen, Gott ist ein Wesen, ein vernünftiges Wesen, und erkennt alles. Aber ich spreche: Gott ist **nicht** ein Wesen, und auch kein vernünftiges Wesen, und er erkennt auch nichts, weder dieses noch das.*[30]

Das ist also hier das eigentliche Problem. Dieser Geist meint dieses **War**, das von allen relationalen Verhältnissen, diesem und jenem, in dem man sich auch auf Gott richtet, nicht betroffen werden kann.

*Wer nun arm sein soll des Geistes, der muss an allem eigenen Wissen arm sein, dass er kein Ding wisse, auch kein Geschöpf und auch sich selber nicht, und darum ist es Not, dass der Mensch sich dazu bereite, dass er die Werke Gottes **nicht** wissen und erkennen kann.*[31]

Dass ist das Entscheidende, dass wir von Gott überhaupt nicht wissen, dass er hier in der Welt wirkt. Das ist zur Seligkeit nötig. Solange ich sage, Gott wirkt, er behütet mich, er bewahrt mich, oder er verurteilt mich auch, gehört das alles zu dem Relationalen des geschaffenen Wesens, das sich auf etwas Anderes bezieht und das in dieser Geschaffenheit auch seine Vorstellung von Gott hat, die die Seligkeit nicht eröffnet.

Nun kämen wir noch auf einen dritten Punkt. Er sagt, wenn ich nun gar nichts mehr wollen kann und auch nichts erkennen kann, kann ich jedenfalls noch sagen, dass ich mich in der Gegenwärtigkeit Gottes weiß. Dass ich in ihm eine Stätte habe; ich habe also nur; aber ich tue gar nichts, ich bin völlig passiv, nur das Gegenwärtigsein Gottes findet für mich noch statt. Und da ist natürlich die Sache dieselbe, es kommt nur das heraus, was die ganze Zeit hier schon gesagt worden war:

Wir sprechen: Solange das in dem Menschen ist, dass Gott eine Stätte in ihm haben soll, so ist der Mensch nicht in dieser höchsten Armut arm, denn Gott meint in seinen Werken nicht das, dass der Mensch eine Stätte in ihm habe, worin er wirken kann. Denn das ist die Armut des Geistes, dass er so Gottes ledig sei – gott-los sei – in allen seinen Werken, dass, wenn Gott wirken will, er selbst die Stätte ist, in der er wirken will.[32]

---

29 Ebenda.
30 *Auswahl*, S. 114, 1. Abs. oben.
31 *Auswahl*, S. 114, 1. Abs. unten.
32 *Auswahl*, S. 116 unten bis 118 oben.

Nehmen wir an, er behütet uns, dann weiß er das selber, und **wir wissen nichts**. Das ist die Meinung, die Eckhart hat. Und nun nehmen wir wirklich einmal an, es findet ein Behüten der Menschen in der Welt statt, dann wissen wir es trotzdem **nicht**. Weil wir das, was die Gottheit selber angeht und was mit unserer Seligkeit verbunden ist, nicht wissen, sondern ich sehe nun nur, wenn ich äußerliche Werke nehme, dass da etwas ist, was mich behütet. Nehmen wir an, es ist ein Krieg, und es geht allen schlecht, dann würde man normalerweise sagen: „Wie kann Gott das tun?" Geht es einem aber gut, dann meint man, er behütet einen. Das, was er also meint, ist, dass wir das **nicht** wissen und erkennen, **wann er uns behütet**. Weil er in sich selbst wirkt, aber nicht in uns. Wir sind die Geschöpfe, und diese Geschöfe sind das Äußerliche, sozusagen, und das Innerliche, das, wo die Seligkeit und die Gottheit ist und das War, das wird dadurch nicht berührt. Also der Herr kann ebenso nur die behüten, die meinetwegen jetzt in der größten Verfolgung leben, als er meinetwegen – und das ist jetzt alles nur symbolisch und nicht ernst zu meinen – dass er die nicht behüten kann, die sich sehr wohlfühlen und sagen: „Ah, mir geht es gut usw." Diese Behütung hat nichts mit dem, was man erkennt und innerhalb der Welt und auf geschaffene Weise weiß, zu tun.

Nun, damit hätten wir das mehr oder weniger alles. Und dann kämen wir jetzt zum Schluss, und der verlangt noch eine gewisse Zeit der Bemühung:

So sprechen wir denn, dass der Mensch so arm sein soll, dass er eine Stätte weder sei noch habe, darin Gott wirken kann. Solange der Mensch eine Stätte behält, da behält er auch das Unterschiedensein. Darum bitte ich Gott, dass er mich Gottes quitt mache.[33]

Das ist das, wovon er nun, nachdem er das alles abgehandelt hat, ausgeht, ich lese das einmal hier aus dem Text:

Her umbe sô bite ich got, dass er mich quît mache gottes – dass ich ihn loswerde; und dann kommen wir jetzt also zu der Entscheidung, bei der ganzen Geschichte – *denn mein wesentliches Wesen ist oberhalb von Gott* […] *Denn in dem Wesen Gottes, was oberhalb alles Wesens und alles Unterschieds ist, da war ich selbst.*[34]

Da also bin ich nicht, sondern da **war** ich. Ich habe an diesem War Gottes, das vor allem Anfang ist, immer schon war, teil. Das kann man vollziehen, wenn man sich bemüht: Der Anfang; und wenn ich nun sage: **war** –

33 *Auswahl*, S. 116 unten bis 118 oben.
34 *Auswahl*, S. 118, 3. Abs. unten.

dann ist das vom Anfang nicht betroffen. Das War ist immer früher als der Anfang, wenn ich sage, es ist das War. So etwas gibt es **hier nicht**, sondern dies kann ich ausdrücken als Seligkeit oder Gottheit.

Mein wesentliches Wesen ist oberhalb von Gott, sofern ich ihn als den Anfang der Geschöpfe nehme. Aber in dem Wesen Gottes, in dem Gott über Wesen ist und über Unterschied, da war ich selbst, und da wollte ich mich selbst und erkannte mich selbst.[35]

Da war ich selbst, und da wollte ich mich selber. Das heißt jetzt nicht, dass wir das – *da wollte ich mich selber* – auch wieder rational vorstellen. Sondern, wir wollen einmal so sagen, auch wenn es nicht ganz dasselbe ist: *Ich wollte mich in Selbigkeit*, das *Selb – dasselbe*. Darauf kommt es an. Nicht, dass ich *mich* wollte und mich selbst, sondern aller Unterschied ist wegzunehmen: Ich wollte mich in meiner ursprünglichen Selbigkeit, und ich erkannte mich in einer solchen Selbigkeit, und in solcher Selbigkeit war ich auch das **War**. Das ist die Weise, wie er sich nun ausdrückt: was in meinem ursprünglichen Wesen war. Und jetzt kommt das Entscheidende, worauf ich Sie Ihre Aufmerksamkeit richten zu wollen bitte:

Da war ich ich selbst, und da wollte ich mich in Selbigkeit und erkannte mich in Selbigkeit, diesen Menschen zu machen.[36]

Diesen Menschen, der jetzt hier sitzt. Diesen Menschen zu machen, auszumachen, oder zu machen, dass dieser Mensch sein soll. [...] *ze machenne disen menschen.* Diesen Infinitiv mit *zu* können wir auch so ausdrücken: Dass dieser Mensch gemacht werden sollte. Das erkannte ich da oben, in Gott, ohne alle Relation, usw. D.h. dieses Sollen – dieser Mensch sollte gemacht werden – hat **nicht** den Charakter des War. Nota bene: hat **nicht** den Charakter des War. Und es ist eine Frage, ob es den Charakter des **Ist** hat. Ich will mal so sagen: Es hat den Charakter des Gegenwärtigseins. Also das andere hat den Charakter des **War**. Da bin ich selbst drin, aber in mir findet, in dem War, dieses Wollen und dieses Erkennen und dieses Sichselbererfahren statt, das besagt: Dieser Mensch soll gemacht werden. Das ist etwas, das im War, in Gott selber, stattfindet – auf die Weise des Menschseins. Und was ergibt sich daraus? Das werden wir jetzt hier auf der nächsten Seite sehen! Ich bitte Sie, freundlicher Weise Ihre Aufmerksamkeit auf das zu richten, was jetzt kommt, denn das ist dasjenige, was bei alledem herauskommt:

---

35 *Auswahl*, S. 118, 3. Abs. unten.
36 Ebenda.

Darum bin ich die Sache meiner selbst nach meinem Wesen, das ewig ist, und nicht nach meinem Werden, das zeitlich ist.[37] – Indem sich am *War* gar nichts ändert und auch gar nichts dazukommt – *bin ich das Werden, das zeitlich ist. Her umbe sô bin ich geborn* – deswegen bin ich geboren – *und nach meiner gebornen wîse* – Weise – *bin ich sterblich.*[38]

Das wäre es. Was da in Gott geschehen ist, insofern das Menschsein in Gott ist und insofern in dieser Weltlichkeit also nicht mit dem äußeren Bezug der Geschaffenheit ein Wollen und ein Erkennen und ein Sein stattfindet, das äußert sich darin, dass das sein soll, was wird und zeitlich ist und stirbt. Es ist ein Geschehen in Gott. Also wenn ich der Erzbischof von Köln wäre, hätte ich den Eckhart natürlich auch verurteilt. Ich bin's gottseidank nicht. Aber das ist eine sehr missliche Situation, was der Mann gesagt hat. Es kommt jetzt aus dem innerlichen Geschehen heraus, in dem das Ich selber ist, insofern es in der Gottheit, im Wesen Gottes, oberhalb alles Wesens ist. Daraus geht hervor, das ist auch das, was in dieser Einheit mit Gott gewollt wird, im *War* gewollt wird: Werden, Zeit und Sterblichkeit. Das geht hervor. Das ist das, wovon er sagt, das sollte sein. Das sollte sein, *ze machenne disen menschen.* Es sollte sein, dass dieser Mensch, nämlich der Werden und Zeit und Sterblichkeit ist, zustande kommt. Das sollte sein. Und das ist dann die Situation, in der wir uns finden:

In meiner ungeborenen Weise, so wie ich ewig gewesen bin nun und soll ewig bleiben. Aber dass ich nach der Geborenheit bin, das soll sterben, und zunichte werden, denn es ist zeitlich, darum muss es mit der Zeit verderben.[39]

Ich lese hier aus dem Text, der von Quint aus vielen verschiedenen Manuskripten usw. kombiniert ist:

Nach diser ungeborn wîse... – also es gibt immer ein leitendes Manuskript, das das Beste ist, von dem dann im Großen und Ganzen der Text herkommt – *Nach mîner ungebornen wîse, sô bin ich êwiclîche gewesen und bin nû und soll êwiclîche blîben. Daz ich bin in nâch gebornheit, daz soll sterben und ze nihte werden, wan es ist zîtlich; her umbe so muôz es mit der zît verderben.*[40]

Das ist die Situation, in der wir jetzt stehen, und aus dieser Situation heraus findet diese Predigt also statt. Es findet die Predigt statt, die sagt: Selig sind die Armen im Geiste. D. h. der Mensch, der nun in dieser Gegenwärtig-

---

37 *Auswahl*, S. 118 unten bis 120 oben.
38 *Auswahl*, S. 120 oben.
39 Ebenda.
40 Ebenda.

keit steht, in der Zeitlichkeit, der dieses *War* nicht ist, und auch nicht dieses in Selbigkeit geschehende Wollen, das sagt, der Mensch soll sein; wo das alles nicht ist, sondern Werden, Zeit und Sterblichkeit: Dieser Mensch hat vom ersten Zustand doch in seinem geschöpflichen Sein ein Erleben, das sich in dieser Predigt ausdrückt. Und nun sagt er, das ist dann das ganz Entscheidende (ich glaube nicht, dass man das so leicht merkt, dass hier am Schluss dieser Predigt steht):

Ein grôsz meister sprichet – ein großer Meister spricht, der wird nicht näher bestimmt – *ein grôsz meister sprichet, daz sîn durchbrechen edeler sî dan sin ûzvlieszen.* – Dass, durch sich selbst durchzubrechen, dass das edeler ist, als das Hervorgehen, die emanatio. Das Hervorgehen aus Gott, das ûzvlieszen. Ich wiederhole das, das ist der entscheidende Satz: *Ein großer Meister spricht, dasz sîn durchbrechen edeler sî dan sîn ûzvliesen.*[41]

Das wäre nun die Situation, in der wir stehen. Wenn wir jetzt in dieser Präsenz stehen, dann kommt am Anfang, bei der Armut des Willens, der äußerlichen Armut, etwas heraus, was die Predigt hier auch verwendet, das man aussagen und nennen kann: das Sein, in dem Sinne, wie wir das kennen, und dafür hat er das Wort *eigenschaft*. Alles, was auf der Erde ist, ist mit *eigenschaft*. Es geht ihm um sich selbst als eigenes, um sein Eigensein. Um sein Sein als eigen. Und das gilt sowohl für uns, für uns in erster Linie, die wir vernüftige Wesen sind, das gilt aber auch für alle Sachen, dadurch, dass ich sage: Das ist real, das ist ein Ding, das ist da, dadurch drückt sich dieses aus. Es will es selbst als eigenes sein, dieses Eigene darstellen, und das ist dasjenige, was in primärer Weise ist, in dem sich Werden, die Zeit, die Sterblichkeit darstellen. Ich will es haben, ich will mit *eigenschaft*, in *eigenschaft* in einer Welt von lauter Eigenem leben. Das ist es, und das soll ich durchbrechen. Das ist also das Anliegen dieser Predigt. Das ist der entscheidende Satz; es ist alles gleich, ohne besondere Hervorhebungen geschrieben, da sieht man das gar nicht: *daz sîn durchbrechen*, sein Sich-selbst-zu-durchbrechen, edeler ist als sein Ausfließen, *sîn ûzvliesen*. Das Ausfließen meiner selbst aus dieser Gottheit heraus, wie ich gesagt habe: Ich komme jetzt aus diesem Ich, das in Gott ist, das das wahre ist, das sich selbst will, das sich selbst erkennt in Selbigkeit, dies soll den Menschen machen. Und dieser Mensch, den es dann macht – *ze machenne disen menschen* – uns Einzelne hier, diesen Menschen, der ist dann derjenige, der mit *eigenschaft* leben will. Warum? Weil er nicht das Wahre ist, sondern das Gegenwärtigsein, und das Gegenwärtigsein ist

41 *Auswahl*, S. 120 Mitte.

zeitlich und sterblich. Darüber kann man natürlich länger reden, aber ich glaube, wenn man sich in diesen Eckhart zu versetzen sucht, dann sieht man, dass es das ist: Das ist edeler als das Hervorgehen. Es gibt eine Rückkehr in die Seligkeit, wenn ich die *eigenschaft* durchbrechen kann. Dass ich alles, auch die ganze Welt eben, nicht nur mich, die ganze Welt ist ja als mein Wissen, die weiß ich, aber da weiß ich auch alles in seiner eigenen Geltung, da heißt alles eben Sein... Nicht das *War*, sondern das Sein **ist**. Vergangenes, mein Häuschen ist, die Banken sind, alles ist. Und alles ist mehr oder weniger sterblich. Das ist das, worauf es ankommt. Dieses Sichselbstdurchbrechen, das soll nun der Mensch leisten, und dazu will diese Predigt die Anweisung geben. Dass er sich durch sich selbst durchbricht, über sein Gegenwärtigsein, dass er wieder zurückgeht in das, was das *War* ist, das vor aller Zeit ist und vor allem Werden. Darüber wird dann hier noch einiges gesagt:

Ein grôsz meister sprichet, daz sîn durchbrechen – durch sich durchzubrechen – *edeler sî dan sin ûzvlieszen* – also hervorzugehen – *Das ist wahr.*

Als ich aus Gott floss, da sprachen alle Dinge: Gott ist. Das macht mich **nicht** *selig, denn hier bejahe ich mich als Geschöpf. Aber in dem Durchbrechen, da ich meinen Willen aufgebe, sofern er im Willen Gottes ist* – den gebe ich auf, d. h. ich bin in Gott, das gebe ich auch auf – *und meinen Willen als solchen aufgebe und den Willen Gottes aufgebe und alle seine Werke, und Gott selbst, da bin ich oberhalb von allen Geschöpfen und bin weder Gott, weltlich gesehen, noch Geschöpf. Ich bin, was ich war, und das ich bleiben soll nun und immerdar.*

Das soll also nun durch diese Gottlosigkeit, wenn Sie so wollen, vollzogen werden, dass man einkehrt in den Zustand, in dem hervorgeht: *Alle crêatûren sint ein lûter niht.*[42] Das hab ich als Titel genommen, es kommt in dieser Predigt nicht vor, ist aber ein bekanntes Wort, das er immer wieder variiert hat: *Alle crêatûren sint ein lûter niht.* Das ist nicht so zu verstehen, dass er, der Meister Eckhart, da steht und diesen Zweifel an sich selbst gar nicht hat und sagt: Alle Geschöpfe sind nichts; nein, nein. Das Entscheidende ist, dass man es erfährt, dass das Kreatürliche als solches das Nichtsein ist und nicht den Charakter der *eigenschaft*, des Sich-selbst-zu-eigen-seins hat. Sondern wir müssen, was dieses Kreatürliche angeht, alles Erkennen, alles Wollen und allen Willen, all unser Haben und Sein aufgeben und erkennen, dass das alles nicht gilt, und dass wir in einen Bereich, der oberhalb von unserem geschöpflichen Erkennen und Haben und Er-

---

42 Vgl. Pr. Q 4 (DW I,69,8-70,1): Alle crêatûren sint ein lûter niht. Ich spriche niht, daz sie kleine sîn oder iht sîn: sie sint ein lûter niht.

kennen liegt, dadurch finden, dass wir die Nichtigkeit alles Geschöpflichen hinter uns lassen und dadurch den Zugang zur Seligkeit oder zur Gottheit finden. Also die Welt bleibt! Und nur, wenn ich die Welt habe, sie auch will und das auch bejahe, kann ich sie auf diese Weise leben, dass ich meine Hörigkeit an das Dasein, an das Eigenständigsein, an das Selbstgeltenwollen und dieses alles, was damit an Seinskult verbunden ist, los werde. Das geht nur, wenn die Welt da ist, und nicht, indem ich selbst jetzt sage, ich ziehe mich aus der Welt zurück, ich blicke nach oben... Das findet ja gar nicht statt, das ist eine Art zu denken, die völlig an der Oberfläche bleibt; dann ist mir der noch lieber, der sagt, ich will Gott dafür danken, dass er mich so schön behütet hat. Die Mystiker waren natürlich den Kirchenoberen immer verdächtig, weil sie sich in dieser Weise erhoben haben. Das betrifft aber Eckhart nicht, sondern bei dem ist es wirklich so: Sie haben nichts verstanden. Was der Meister sehr wohl gemerkt hat. Das kann man nicht verstehen! Ich bin persönlich der Meinung, dass es uns durch die Zeit, die inzwischen vergangen ist, 750 Jahre – wir können das als eine Art Jubiläumsveranstaltung ansehen, denn um 1260 ist Eckhart geboren – heute leichter fällt ihn zu verstehen als den Damaligen. Nach dieser Art und Weise kommen wir also in diesen Zustand, in dem wir erkennen, dass alles das **nichts** ist. Alles Gegenwärtigsein ist nichts. So kommen wir zur Seligkeit, die geschieht ohne alles geschöpfliche Wollen, Erkennen und Haben und Sein. Und ich verstehe auch, dass er gesagt hat, ich kann den Widerruf mit der Maßgabe leisten, dass, wenn man es mir nachweisen kann, dass ich mich nicht nach dem Glauben geäußert habe, ich das dann widerrufe. Denn er war sich natürlich dieser Sache sicher: Der wahrhaftige Gott kann nicht auf die Weise begriffen werden, dass man ihn mit *eigenschaft* begreift. So wie am Anfang der Religion, da gab es den zornigen Gott, der die anderen richtet, der auf diese Weise vorgestellt wurde, so gilt es für uns nicht mehr. Er ist vor 750 Jahren sozusagen zum Vorläufer eines Denkens geworden, das sich heute noch nicht durchgesetzt hat. Deswegen hatte ich von Kant gesagt, er hat den Gottesbeweis widerlegt und gesagt, wir glauben aber doch an Gott, wir sind ihm dankbar, er behütet uns, wir erfreuen uns der Ausgeglichenheit unserer Natur, wenn wir in Frieden und Ruhe im grünen Garten sitzen können, oder wir erfreuen uns daran, dass wir den anderen geholfen haben, und dann erkennen wir einen Oberherren über uns, der uns aber auch richtet usw. Das ist immer noch die Weise, in der wir das heutzutage noch ansehen. Er aber sagt, dass wir gottlos sein müssen, **gott-los**, mit Bindestrich, wollen wir es so umschreiben: gott-los – dass wir Gottes quitt sein müssen. Das ist die eigentliche Lehre, wir müssen all diese Eigenständigkeit aufgeben, alles eigenständige Wollen, Wissen und Erkennen und all die Gegenstände, die darin sind. Und wenn wir das alles als nichts erfahren, dann ist der Durchbruch zu vollziehen. Ich komme also zum Schluss; – das muss ich noch sagen: *Da empfange ich einen Eindruck, der mich über alle Engel bringt. – Da enpfàhe ich einen îndruk der mich bringet über alle engel. – Von diesem Eindruck empfange ich solche Reichheit, das mir nicht genügen mag nach alldem, was Gott ist und an allen seinen göttlichen Werken. Denn in diesem Durchbrechen, durch diesen Eindruck, erfahren, da empfange ich, dass Gott und ich eins sind.*[43] Also, was mir jetzt hier wichtig ist, meine sehr verehrten Damen und Herren, das ist: *Ich enpfàhe einen îndruk.* Das Lateinische, das kann man hier ohne große Schwierigkeit anbringen, das heißt *impressio.* So wie man auch gesagt hat Impressionisten und dgl. *Impressio:* Ich erfahre einen Eindruck. Wenn wir das in der deutschen Sprache, so wie sie um 1800 war, ausdrücken: „Dann trete ich in ein Empfinden ein, von einer Stärke, die mich über alles das, was an eigener Geltung in dieser Welt ist, erhebt." Das ist dann diese *impressio.* Also es ist nicht so, dass da gar nichts wäre. Aber diese Empfindung, die ich habe – das kann ja jemand von uns schon einmal irgendwie in dieser Weise vollzogen haben, warum nicht – die ist weder Wissen, noch Wollen, noch Sein. Das ist das Fazit, das ich aus dieser ganzen Predigt ziehe: Das geschieht als **Empfindung**, und von dieser Empfindung muss ich sagen, sie ist kein Wissen, sie ist kein Wollen, und sie ist auch kein Sein. Wir müssen also hier jedes einzelne Wort wägen, wie sich das für einen solchen Mann auch gehört, und nicht so machen, als ob wir das alles besser wissen und jetzt neue Einsichten anbringen, die das verbessern und korrigieren. Ich wiederhole das deswegen noch einmal:

Da enpfàhe ich einen îndruk, der mich bringet über alle engel. In disem îndruke enpfàhe ich sôgetâne rîcheit – Reichtum –, *dass mir nicht genug sein mag, nach allem dem was Gott ist, und nâch allen sînen götlîchen werken. Denn ich empfange in diesem Durchbrechen, dass Gott und ich eins sind. Da bin ich, was ich war.* **Da bin ich, was ich war.** *Und hier findet Gott keine Statt in dem Menschen; der Mensch erlangt in dieser Armut das, was er gewesen ist und was er immerdar sein soll. Hier ist Gott eins im Geiste. – Hier ist Gott eins im Geiste.*

Also sehen Sie, ich bin kein Theologe, sondern Philosoph, und das ist natürlich eine theologische Aussage: *Gott ist eins im Geiste*, und das findet auf

---

43 *Auswahl*, S. 120 Mitte.

die Weise des Menschseins statt. Das kann die Menschheit vollziehen, wie der Prediger uns hier Hinweis gibt, durch diese Predigt, dass er sich durchbricht, in diesem Gelten des Gegenwärtigseins, des zeitlichen und dadurch sterblichen Gegenwärtigseins, das er ist, in diesem Durchbrechen auf das Bewusstsein hin: Das ist alles nichts. Und wenn ich das habe, kein Wissen, kein Erkennen, kein Wollen, überhaupt nichts mehr von dieser Welt; das aber alles habe, indem die Welt da bleibt, dann gelange ich zur Seligkeit. Das sind schwierige Sachen – wenn ich sehe, was heutzutage so manches gesagt wird, muss man heulen. Aber lassen wir das. Das waren schon bedeutende Leute, gar kein Zweifel. Ich wiederhole das also:

Hier ist Gott eines im Geiste, und das ist die innerlichste Armut, die man finden kann.[44] *Gott ist eins im Geiste.*

Und jetzt kommen dann noch ein paar Schlussbemerkungen, bevor wir aufhören, die wir jetzt schnell lesen:

Wer dies nicht versteht, der bekümmere sein Herz nicht damit. Denn solange der Mensch nicht gleich ist dieser Wahrheit, solange kann er diese Rede nicht verstehen. Denn es ist eine Wahrheit, die offenbarlich aus dem Herzen Gottes gekommen ist, ohne alles Mittel. Dass wir so leben möchten, dass wir uns als ewiglich befinden, ewiglich erfinden. Daz wir alsô leben müezen, daz wir es bevinden êwiglîche, des helfe uns got.[45]

Das ist das Ende der Predigt, und ich danke Ihnen für Ihre freundliche Aufmerksamkeit.

44 *Auswahl*, S. 120 unten.
45 *Auswahl*, S. 120 oben.

Die unsichtbare Kirche nach Kant

Akademievortrag im Erbacher Hof vom 28. Januar 2010

Ich freue mich persönlich, dass ich einmal wieder über Kant sprechen darf. Es ist mir nach und nach aus dem Gedächtnis gekommen, auch natürlich durch mein eignes Verschulden, weil man nicht sein ganzes Leben immer dasselbe erzählen kann, wenn es nicht zu einseitig werden soll.[1]

Da haben wir nun eine Reclam-Ausgabe der *Religion innerhalb der Grenzen der bloßen Vernunft*, darauf werde ich mich beziehen. Das ist wohl die letzte Schrift, die Kant in seinem Leben als eigentlich selbständige[2] geschrieben hat, 1793/94, da war er siebzig, das heißt er war damals ungefähr so alt, wie ich jetzt mit etwas mehr Jahren auch bin; deshalb steht es mir jetzt auch zu, darüber in ehrerbietiger Weise etwas zu sagen.

Wir gehen davon aus, dass bei den neueren Denkern, seit dem 17./18. Jahrhundert, die menschliche Erkenntnis mit Skepsis angesehen wurde. Es ging überhaupt damals in der Philosophie um Erkenntnis, vorher oft um ganz andere Dinge; in dieser neueren Zeit ging es um die Erkenntnis. Da haben Sie dann das Zusammenspiel von Rationalem, also Verstand, und Erfahrungsmäßigem, durch sinnliche Anschauung, und man war bei den besseren Denkern ganz allgemein der Überzeugung, dass man nicht weiß, was das eigentlich ist, womit man in seinem Leben um sich herum zu tun hat. Das ist die sogenannte Skepsis. Das Allereinfachste, was man da sagen kann – darüber kann

---

1   Anm. d. Hrsg.: Joachim Kopper hatte sich nach jahrzehntelanger intensiver Beschäftigung mit Kant im ersten Jahrzehnt des 21. Jahrhunderts wieder anderen Denkern zugewendet (wie z. B. Meister Eckhart, Anselm von Canterbury, Spinoza) und an seiner 2004 publizierten Monographie *Das Unbezügliche als Offenbarsein. Besinnung auf das philosophische Denken* gearbeitet; dieser Akademie-Vortrag scheint von ihm als ein Wiederaufgreifen seines Nachdenkens über Kant empfunden worden zu sein.

2   Anm. d. Hrsg.: Die Religionsschrift ist Kants letztes Buch, das sich mit einer eigenständigen Thematik befasst. Den im Vortrag verlesenen Zitaten liegt folgende Ausgabe zugrunde; Kant, Immanuel: *Die Religion innerhalb der Grenzen der bloßen Vernunft*. Hrsg. von Rudolf Malter. Stuttgart: Reclam 2007.

man natürlich lange reden – ist, dass man z. B. nicht Schlafen und Wachen unterscheiden kann, dass man nicht weiß, was eigentlich Entfernung ist und dergleichen: Wo ist die eigentliche Entfernung zwischen zwei Eisenbahngleisen? Ein kleines Kind sieht das anders als der Große; man kann es messen, das Maß muss man aber auch wieder zugrunde legen – und das ist dann eben solch eine Skepsis in Bezug auf die Erkenntnis. Diese Skepsis in Bezug auf die Erkenntnis ist für das religiöse Bewusstsein nicht günstig, weil dieses sich normalerweise auf Erfahrung beruft und zwar speziell auf außergewöhnliche Erfahrung, Offenbarung und dergleichen, aber grundsätzlich auf Erfahrung: Erfahrung von der Offenbarung Gottes und Ähnlichem, was damit zusammenhängt. Deswegen ist natürlich das skeptische Denken dem religiösen Bewusstsein nicht günstig, denn in der Zeit tritt es ein, dass man fragt: ‚Was wissen wir eigentlich? Das ist doch alles mehr oder weniger etwas, was im Grunde gar nicht ausgewiesen ist.‘ Das ist das eigentliche Problem, das in dieser Zeit auftritt; schon im siebzehnten Jahrhundert hatten wir den Philosophen Descartes, Cartesius, der ein solcher Skeptiker war und dann auch mit Rücksicht auf die Kirche gesagt hat: Ich muss einen Gottesbeweis finden, durch den ich durch bloßes Denken, ohne alle Erfahrung, darüber schwebend, die Existenz Gottes als des wahrhaftigen, allwissenden und niemals täuschenden beweise. Hat er bewiesen, nach seiner Meinung, und infolgedessen konnte er dann auch wieder zur Kirche gehen als normaler, guter Gläubiger. Indem er auf diese Weise durch seine eigene theoretische Philosophie den Glauben, das religiöse Bewusstsein, das durch die Skepsis angekratzt war, gesichert hat. Mit dieser Art von Beweis aus reinem Denken ist dann Kant nicht mehr einverstanden gewesen und hat diese Gottesbeweise widerlegt – das ist nach meiner Meinung keine besondere Leistung, das haben andere Leute auch gemacht. Dieses Widerlegen ist ja an und für sich etwas Negatives und bringt nichts Positives zur Sache hinzu. Etwas ganz anderes war, dass Kant, als ein bedeutender Mann, weswegen ich mich auch immer wieder freue, über Kant reden zu können, gesehen hat: Dass man an der Religion zweifelt und das religiöse Bewusstsein unterbewertet, das kann auch am philosophischen Denken selber liegen. Das sehen sonst Philosophen nie ein; je beschränkter sie sind, desto mehr sind sie von der Untrüglichkeit ihrer Einsichten überzeugt. Das war bei Kant nicht der Fall, aber nehmen Sie zum Beispiel Karl Marx und diese Leute, da ist immer dieses notorische Besserwissen, an dem einfach nicht gezweifelt werden kann. Kant zweifelte an sich selbst, er hat sein ganzes Leben lang an sich gezweifelt; wir haben bei ihm das sogenannte *opus postumum*, wo er immer wieder seine Gedanken korrigiert hat, und darüber ist er dann gestorben. Korrigierend: sich selber!

Dabei war seine Frage diese: Das religiöse Bewusstsein bleibt, und ist es dann nicht möglich, dass die ganze Einstellung des Denkens, in dem wir uns damals befinden – das war Ende des achtzehnten Jahrhunderts –, dass darin auch ein Fehler steckt? Nämlich in diesem Ausgehen des Denkens, der ganzen philosophischen Überlegung, von der Erkenntnisfrage, dabei wiederum vom Verstand und von der sinnlichen Anschauung. Ob man nicht ganz anders an das religiöse Bewusstsein herangehen muss, das ist die Frage! Und in diesem Zusammenhang war er eben bemüht, sich mit der Bibel auseinanderzusetzen und die Bibel auch besser zu verstehen als ein Rationalist sie versteht, wenn er einfach davon Kenntnis nimmt und sich entweder aus Konformismus, oder aus sonstigen Gründen, mehr oder weniger heuchlerisch, damit identifiziert oder das ablehnt. Er wollte darüber wirklich nachdenken. Und da kommen wir zu dem berühmten Kapitel: Wenn man über die Bibel nachdenkt, dann fängt man mit der Schöpfungsgeschichte an. Für uns hier ist es ja klar, Sie wissen das genauso gut wie ich, dass sie erst viel später geschrieben worden ist als die andern Teile der Bibel, die von den alten Zeiten handeln, diese sind noch viel älter, aber da drückt sich eben etwas anderes aus. Die Schriftgelehrten, die diese Bibel immer wieder korrigiert und verbessert haben, wollten mit der Erschaffung des Menschen das festhalten, was der Mensch unmittelbar in seinem Verhältnis zu Gott ist.

Das Ganze – Sie sehen in mir einen Mann, der sich von Überzeugungen der billigen Art entfernt hat – ist ein Produkt aus Einbildungskraft, davon muss man ausgehen. Aber die Frage ist, worum es den Schriftgelehrten in dieser Einbildungskraft ging! Das war, dass sie zeigen wollten, wie der Mensch unmittelbar als von Gott gemacht verstanden werden muss. Also nicht so, wie man normalerweise sagt: Erst wurde der Adam geschaffen und dann die Eva, und dann wird das erzählt und findet in der dritten Volksschulklasse schon allgemeinen Beifall, das den Kindern vorzumachen. So ist das aber keineswegs! Sondern diese alten Schriftgelehrten haben sich darüber ihre Gedanken gemacht und haben lange darüber nachgedacht und dann diese Sache in Bildern vorstellig gemacht. Dass es Bilder sind, das ist richtig, und das muss man sehen, dass es nicht mehr sind als Bilder, die von der Schöpfung handeln wie davon, dass wir zum Beispiel jetzt auch da sind. Dann wird aber gesagt, nun, der Herr hat also den Adam geschaffen, und da geht es gleich los: Wenn man es nur als Bild ansieht, dann sagt man: ‚Ja, es war eben so‘. Entscheidend ist aber, was das für Bilder waren! Gott setzt den Adam in den Garten Eden. Er teilt dann auch bei der Gelegenheit mit (er hat ja auch mit ihm gesprochen): „Von allen Früchten dieses Gartens darfst du essen, aber von den Früchten des Baumes der Erkenntnis, des Guten und des

Bösen, der mitten im Garten steht, darfst du nicht essen!"³ Adam, als anständiger Untertan, hat gehorcht, und damit war die Sache gut. Dann hat aber wiederum Gott seinerseits gemeint: Es ist nicht gut, dass Adam allein sei – eine außerordentlich missliche Geschichte, das sieht sich alles so ganz einfach an –, er bekommt seine Eva dazu. Das merken sie alle beide nicht, denn er wird ja in einen tiefen Schlaf versenkt, und die Eva entspringt jetzt erst. Jetzt sind sie zusammen, und da ist es gut; es ist gut, dass der Mensch sei. Und in dem Augenblick haben dieser Adam und die Eva, die von allen andern Früchten essen durften, diese unbezwingliche Begier, aus ihrer Bedürftigkeit heraus – sie sind bedürftige Wesen – auch dasjenige zu essen, was zum Baum des Guten und des Bösen gehört! So ist die Sache, diese beiden zusammen, das ist der eigentliche Mensch, von dem man dann auch sagt, er ist nach dem Bilde Gottes, wobei man nicht von Gott selbst ein Bild hat, denn er ist ja ohne Bild und Gleichnis. Sondern so, wie die Menschen sind, darin drückt sich das Göttliche irgendwie aus. Wenn man es umgekehrt macht und geht zum lieben Gott hoch, dann ist das wieder so ein philosophisches Gerede, ohne Überzeugung. Aber so herum geht es schon. Denn so waren sie beschaffen, fühlten sich also von der göttlichen Schöpfung her; es kamen nun dieses Bedürfnis, von allen Früchten des Gartens zu essen, und das Verbot Gottes: „Das sollst du nicht essen!" zusammen. Und das wird deswegen übertreten, weil sie nämlich nun gut sind und es ihnen deswegen um das Gute geht. Deswegen kommt es zu diesem Sündenfall. Von dem man sagt, dass das etwas ist, was auf eine Weise über sie kommt, die man nicht mehr menschlich angeben kann, und man hat deswegen die Schlange als Einflüsterung angesehen. Aber man darf nicht von Sünde und Versuchung und ähnlichem reden, sondern muss es so nehmen, wie es ist: Es ist ein Verlangen in sie eingetreten, das Gute als die bedürftigen Wesen, die sie sind und die alle andern Früchte des Gartens essen, das auch zu haben und zu essen. So haben sie das also gegessen, und da taucht der Herr wieder auf und sagt: „Ei, ei, sieh, Adam ist worden als unsereiner und weiß, was gut und böse ist." Und dann werden sie alle beide gleichzeitig verflucht: „Von Erde seid ihr geboren, zu Erde sollt ihr wieder werden", zum Erdkloß zurückkehren, aus dem sie genommen sind.

Das ist die Erfahrung, die sie bei der Gelegenheit machen; da sehen Sie, was ich sagen will: Es dreht sich um die Religion, um dieses Sichverstehen der Menschen unmittelbar aus Gott. Er hat sie geschaffen als Wesen, die von

---

3   1. Mose 2,16-17. Die Bibelstellen am Ende des Absatzes stammen aus 1. Mose 3,19-22.

allem Guten, was in dem Garten ist, essen können, und verbietet ihnen zugleich: Das sollst du **nicht** essen. Nun, sie essen es eben doch. Und daraus folgt der Fluch und der Tod, das Bewusstsein des Todes, in dem sie von nun an immer stehen. Und da kann man sich ja sehr gut vorstellen, dass bei den Alten, also nicht denen in dieser Erzählung, sondern in den ältesten Zeiten des jüdischen Volkes, als sie noch ganz in den Zuständen der ursprünglichen Stämme lebten, dass da ein solches Bewusstsein sehr wohl vorhanden war, wenn sie in einer Umgebung lebten, in der alles geneigt war, sie vom Leben zum Tode zu befördern. Denn wir sitzen hier, hier ist es gut geheizt, hier fühlt man sich wohl, da fällt der Gedanke des Todes nicht mehr so auf wie damals bei den alten jüdischen Stämmen.

Das war die Situation, in die diejenigen jetzt kamen, die sich unter dem Fluch wussten. Das Entscheidende ist nun, dass der Herr sie doch am Leben erhält. Er verflucht sie nicht schlechthin, sondern so, dass sie sich zwar unter dem Tode wissen, aber am Leben bleiben. Und das Erste, was Adam zu sagen weiß, ist: Ich nenne meine Frau Eva, das heißt, die Mutter aller Lebendigen, so muss es auf Hebräisch heißen – ich bin in der Hinsicht kein Gelehrter. Die Mutter aller Lebendigen, das heißt, sie glaubten an dieses Leben, das der Herr ihnen gegeben hat, und das ist das, was man oft in der Betrachtung dieser Dinge die Barmherzigkeit Gottes nennt. An und für sich hätte er sie gleich wieder vertilgen können; er hat sie aber am Leben gelassen.

Dann kommt also die nächste Geschichte: Sie haben Kinder. Und diese werden jetzt unter dem Fluch, unter dem Bewusstsein des Todes geboren. Und daraus entspringt der **Kultus**, die Verehrung Gottes. Das war bei Adam und Eva noch nicht, die hatten den Herrn noch unmittelbar, kamen von ihm her, und davon, dass sie ihm auch noch in kultischer Weise begegnet wären, ist in der Bibel nichts erwähnt. Aber bei den Kindern, die nicht mehr unmittelbar zu Gott sind, sondern die Kinder dieser Eltern, die verhalten sich zu Gott als die, die unter dem Fluch sind und in einer Ausweglosigkeit und Hilflosigkeit sind und Gott als den, der sie gemacht hat und der der Herrscher und Regent ist, verehren. Die erste Generation der Menschen nach den Ureltern versteht sich durch den religiösen Kultus, und alles, was dann im Leben vorkommt, ist durch diesen Kultus bestimmt. In der Abhängigkeit von einem Gott, der uns am Leben erhält, uns aber zugleich auch unter dieses Bewusstsein des Todes gesetzt hat, dem wir ständig ausgesetzt sind. Nun opfern die beiden Söhne, Abel und Kain. Und der Herr sah das Opfer Abels gnädiglich an, das Opfer Kains aber sah er nicht gnädiglich an. Da ergrimmte Kain und seine Züge verzerrten sich. Und am nächsten Tag hat er den Bruder erschlagen. Das muss man sich mal vorstellen, was diese alten jüdischen

Schriftgelehrten nach und nach aus reiner Einbildungskraft – da war nichts, woran man sich halten konnte, das sind wir ja hoffentlich alle einer Meinung – erfunden haben, ausgerechnet das! In der ersten Generation ist das schon ein Brudermörder. Und das entspricht nun – indirekt natürlich – dieser langen Überlegung Kants über die Situation des Menschen, insofern diese Überlegung auch durch seine ständige Lektüre der Bibel mit bedingt ist und er natürlich in diesem Buche auch darauf zurückkommt. Der Mensch wird böse, und zwar bis zum Mord hin, in der ersten Generation nach denen, die Gott noch unmittelbar sprechen hörten; wir werden nachher den zweiten Fluch über Kain auch hören: Unstät, rastlos sollst du im Leben bleiben. Jedenfalls kam es aus diesem Gottesverhältnis, aus diesem kultischen Bewusstsein dazu, dass einer zum Mörder wird, und dann noch seines eigenen Bruders.

Und das wäre das, was dann ganz neu bei Kant auch auftritt. Wir lesen auf Seite 38/39 in diesem Bändchen, da ist die Rede vom *Hang zum Bösen* – das, was Kant als Wort einführt: der **Hang** zum Bösen. Und dieser Hang zum Bösen wäre also das, was wir bei Kain feststellen. Kain drückt das Gottesverhältnis in einem Verhältnis zu Gott aus, das in der Ratlosigkeit unter dem Fluch Gottes steht, und in dieser Ratlosigkeit zu Gott als dem, der ihn gemacht hat und der ihn erhält, in diesem Verhältnis zu Gott sich mit seinem Leben auf die Weise der Bosheit, dass er nämlich seinen Bruder erschlägt, erhält. Da will ich hier mal einige Kleinigkeiten lesen, da wird man nicht gut drum herumkommen, denn Sie wollen ja nicht hören, was **ich** jetzt meine. Sie sollen das hören, was Kant gesagt hat, er war ein berühmter Philosoph und hat das im Alter geschrieben, und das revolutioniert in gewisser Weise seine ganze vorherige Denkart. Es wird also gesagt: Der Mensch ist von Natur böse. Das heißt so viel als dieses: Dass er böse ist, gilt von ihm als in seiner Gattung betrachtet. Dieses Kind von Adam und Eva hat nun diese Bosheit, und es wird gesagt, diese Bosheit pflanzt sich von Geschlecht zu Geschlecht fort, alle Menschen sind in dieser Weise böse zu nennen, haben diesen Hang zum Bösen. Darauf kommen wir jetzt noch näher zu sprechen: „Er kann nach dem, wie man ihn durch Erfahrung kennt, nicht anders beurteilt werden, denn als böse."[4] Das ist ein Satz, auf den kein Mensch achtet!

---

4 Vgl. Kant, *Die Religion innerhalb der Grenzen der bloßen Vernunft*, S. 38: „Der Mensch ist *von Natur* böse [...] er kann nach dem, wie man ihn durch Erfahrung kennt, nicht anders beurteilt werden, oder man kann es, als subjektiv notwendig, in jedem, auch dem besten Menschen, voraussetzen."

Das ist aber ganz entscheidend. Denn hier dreht es sich um die Selbsterfahrung, um das Selbstverständnis, das der Mensch von sich hat, und in dem er sich auch selber beurteilen muss. Mindestens dann, wenn er in die Besinnung auf sich selber eintritt. In der Erkenntnisphilosophie geht man so vor: Hier ist etwas, die Flasche steht hier, ich nehme sie sinnlich wahr, *weiß ich eigentlich, was es ist?* ...Nein, es kann Schlaf sein, und so weiter. Dasselbe wird dann bei Kant auch durch Begriffe erläutert, also zum Beispiel: Das Ding ist eine Substanz, es ist von mir emporgehoben worden, ich war die Ursache dafür und ähnliches mehr. Das alles bringt nichts, sagt mit Recht: der **alte** Kant. Traurig genug, dass er sich sein ganzes Leben hat damit beschäftigen müssen, aber ich empfinde ähnlich, da ich mich in meinem Alter dem alten Kant verwandt fühle. Und jetzt ist Kant hier auf eine Revolution gekommen. Der Mensch kann nach dem, wie man ihn durch Erfahrung kennt, nicht anders beurteilt werden. Das heißt, der Mensch beurteilt sich selbst, und er erfährt sich auch. Ich erfahre mich, und dann beurteile ich mich auch. Da muss ich sagen und zwar mit dem Eindruck, dass das zum Menschsein als solchem gehört und nicht etwa nur mich persönlich betrifft: Ich muss den Menschen so beurteilen, dass er schlecht ist. Speziell auf die Weise des Hanges. Das ist das Wort, das Kant dafür erfindet: Der Mensch ist ein Wesen des Hanges. Dieser Hang ist bei Kain ein Hang zum Bösen. Aber sie waren auch vorher natürlich schon Wesen des Hanges, als sie vom Baum der Erkenntnis gegessen haben, das stand schon unter dem Zeichen des Hanges, und diese beiden, Adam und Eva, waren eigentlich noch nicht böse.

Ich kann nur sagen, man muss mit einer tiefen Verehrung immer auf die alten Denker zurückgehen, und nicht auf das, was ständig an unsere Ohren klingt. Es heißt dort, dass Adam und Eva, in dem Bedürfnis, in dem sie das Gute gesucht haben, in dem sie mit Unausweichlichkeit, mit einer absoluten Nötigung das Gute gemeint haben, dieses doch aus dem Bedürfnis durchgeführt haben, vor Gott, auf die Weise des Hanges. Und dieser Hang nennt sich nun **in Kain** der Hang zum Bösesein. Das ist nicht ein- und dasselbe! Sondern die Religion, das werden wir heute auch noch behandeln, geschieht überhaupt auf die Weise des Hanges. Es ist schon seltsam, dass man nicht weiß, dass ein bedeutender Mann wie Kant solche Einsichten gehabt hat. Wir kennen nur eine Menge von Schlagwörtern, die nichts bringen. Aber bei Kant ist es so, die Religion ist der Ausdruck des Hanges. Nämlich des Menschen, dieses eigentlich Gute in seiner Situation, in der *Condition humaine*, wie die Franzosen es ausdrücken, zu meinen. In dieser Situation, in der der Mensch lebt, in dieser Bedürftigkeit, die da in der Bibel auch vorgestellt worden ist.

Das ist es: Er beurteilt sich selbst, und da erkennt er, dass er böse ist: „Man muss es als subjektiv notwendig in jedem, auch dem besten Menschen voraussetzen". Sie wissen das nicht so genau wie ich, der sich seit vierzig Jahren oder noch länger mit Kant beschäftigt, Kant hat natürlich vorher stets nur von der objektiven Gesetzmäßigkeit geredet. Aber für den alten Kant ist es das subjektiv Notwendige – das was auf das Sichverstehen des Menschen selber geht und nicht objektiv nach naturwissenschaftlichen Gesetzen und ähnlichen Dingen nachgeprüft werden kann. Dass die Summe der Winkel im Dreieck gleich zwei rechten ist, das ist nach Kant objektiv gültig. Aber dass der Mensch schlecht ist, das ist subjektiv gültig, das kann man objektiv nicht feststellen. Das Schlechte, was subjektiv gültig ist, ist das eigentlich Entscheidende für den Menschen und deswegen handelt die letzte Schrift *Die Religion innerhalb der Grenzen der bloßen Vernunft* davon, was der Mensch in dieser Situation in Bezug auf Religion aus sich selbst überhaupt wissen und verstehen kann. Das hat er vorher gar nicht behandelt.

Also wir sind hier am Anfang; die ganze Sache beginnt: mit dem radikal Bösen des Menschen, das subjektiv notwendig ist, nämlich als die Weise, wie er sich selber beurteilen muss. Und dabei spielt die Objektivität der Naturgesetze gar keine Rolle, denn diese gehen ja alle nur von der materiellen Welt aus und nicht von der Weise, wie der Mensch sich selbst als Mensch versteht. Das ist ein großer Unterschied! Und das hat der alte Kant in dieser Schrift herausgeholt, und wie ist es damit? Das wissen Sie genau so gut wie ich: Kein Mensch hat davon Notiz genommen! Von den entscheidenden, bedeutenden Ergebnissen, die aber abliegen von dem, was alle sagen, wird keine Notiz genommen. Wir haben hier eine ganz bedeutende Schrift, eine Revolution, wenn man so will, in der kantischen Denkungsweise. Mit der wollen wir uns hier kurz befassen: „...so werden wir diesen einen natürlichen Hang zum Bösen, und, da er doch immer selbstverschuldet sein muss, ihn selbst ein *radikales* angeborenes (nichts desto weniger aber uns von uns selbst zugezogenes)..." – von unserm eigenen Willen – „...Böse in der menschlichen Natur nennen können."[5] Da hätten Sie also nun den Anfang für die kantische Religionslehre: *das radikal Böse*. Kant hat hier dieses eingeführt, nämlich das radikal Böse. Wir sind schlecht, und können das auch nicht loswerden; wir sind notwendigerweise schlecht und zwar in dem Urteil von uns selbst. Da gibt es also niemand, der dieses Urteil nicht hätte. Jeder weiß von sich selbst ganz genau, dass er schlecht ist.

---

5   Kant: *Die Religion innerhalb der Grenzen der bloßen Vernunft*, S. 39.

Jetzt will ich das noch etwas ausführen und gehe auf die Seite 119: Da wird das Ganze sozusagen empirisch nochmals ausgeführt; das ist leichter, deswegen kann ich damit auch schneller fertig werden. Er redet dort also empirisch, das heißt von der Erfahrung dessen, was man in der Welt feststellt, wie man die Menschen also empirisch kennt – nicht von der Selbstbeurteilung aus. „Der Neid, die Herrschsucht, die Habsucht und die damit verbundenen feindseligen Neigungen bestürmen alsbald des Menschen an sich genügsame Natur, *wenn er unter Menschen ist* […]." Das ist jetzt der entscheidende Punkt, denn das hat er gesperrt drucken lassen: *wenn er unter Menschen ist.* Also der Kain wendet sich gegen den Abel, er kann es nicht ertragen, dass er nicht der eigentlich von Gott Geliebte, der zuerst und vor allem von Gott Geliebte ist, und dieser Abel stört ihn in seinem Anspruch. Deswegen bringt er ihn um. Nicht etwa aus Hass, sondern: Es ist das religiöse Bewusstsein, das darauf abzielt, vor Gott der Ausgezeichnete zu sein. Das war nun der Abel, der Herr sah das Opfer des Abel gnädiglich an. Deswegen erschlägt der Kain den Abel. Weil er nämlich der Nachgesetzte war. Der Bruder war ganz bestimmt nicht der Gegenstand des Hasses, aber in dieser Situation des Kults, da kommt es dazu. Natürlich kann man sagen, dass unsere Ideologen heute auch noch dieses kultische Bewusstsein haben, darüber kann man auch reden, aber hier sind wir am Ursprung, und darauf wollen wir uns heute beschränken. Deswegen erschlägt er den andern, die Bosheit liegt darin, dass ich nicht ertragen kann, nicht der von Gott Ausgezeichnete zu sein, also zum Beispiel bei modernen totalitären Systemen der, der die Weltgeschichte durch sich bestimmt, er kann das nicht ertragen, deswegen verhält er sich entsprechend. Das war bei diesen beiden Brüdern damals schon so und das bleibt. Das ist der Mensch natürlicherweise und so beurteilt er sich auch selber. „Es ist genug, dass sie da sind" – die andern, dass sie ihn umgeben, dass sie Menschen sind – „um sich einander wechselseitig zu verderben und sich einander böse zu machen. Wenn nun keine Mittel ausgefunden werden könnten, [eine dieses Böse abschreckende verhütende Vereinigung anzustreben, so würde dieses ihn unablässig in der Gefahr des Rückfalls erhalten]".[6] Also sie haben diese Anlage, sich böse zu machen, ich lese noch vorne Seite 31, da hat er gewissermaßen vorgegriffen, indem er von diesem Verhältnis der Menschen zueinander redet. Da heißt es: „Diese Laster […] können daher auch Laster der Kultur heißen; und werden im höchsten Grade

---

6   Der in Klammern stehende Text ist die im mündlichen Vortrag verkürzte Wiedergabe der kantischen Originalstelle auf S. 119 der Reclam-Ausgabe.

64

ihrer Bösartigkeit [...] zum Beispiel im *Neide*, in der *Undankbarkeit*, der *Schadenfreude, usw. teuflische Laster* genannt."[7] Das sagt man ja heute, glaube ich, nicht mehr: ein teuflisches Laster. Das hat wahrscheinlich nur er so gesagt, glaube nicht, dass man das allgemein gesagt hat. Es ist wohl die Kantische Einsicht, dass man das so nennt. Und nun käme die Frage, und das ist das eigentliche Thema unserer Untersuchung, wie man mit dieser Situation umgeht. Wir kämen nun auf der Seite 119, wo ich gelesen habe, auf die unteren Zeilen, und da sagt er: „Die Herrschaft des guten Prinzips..." – also er sagt, der Mensch ist gut; und vorsichtig, wie er ist, redet er gar nicht weiter von Gott, weil er ihn ja auch wieder auf die Weise eines existierenden Wesens annehmen müsste; und hierzu hat er gesagt, dass solche Gottesbeweise nicht möglich sind. Sondern Sie müssen Gott jetzt aus diesem Verhältnis des Menschen zu ihm verstehen, in dem er unter der Bosheit steht. Da ist die Situation natürlich eine andere, als wenn ich ihn vorher beweise, wie Descartes das gemacht hatte; so ist es bei Kant aber nicht, dass wir zuerst Gott beweisen und dann sagen: Unter Gottes Herrschaft stehen wir; nun bilden wir ein *corpus mysticum*, oder eine geistige Gemeinschaft. Sondern wir müssen davon ausgehen, dass wir mit unserer Bosheit da sind. Das macht die eigentliche Schwierigkeit aus. Also: „Die Herrschaft des guten Prinzips, sofern Menschen dazu hinwirken können, ist also so viel wir einsehen" – so viel wir einsehen! Er ist sich nicht sicher – „so viel wir einsehen, nicht anders erreichbar als durch Errichtung und Ausbreitung einer Gesellschaft nach Tugendgesetzen [...]; einer Gesellschaft, die dem ganzen Menschengeschlecht in ihrem ganzen Umfange sie zu beschließen, durch die Vernunft zur Aufgabe und zur Pflicht gemacht wird. – Denn so allein kann für das gute Prinzip über das Böse ein Sieg erhofft werden."[8] Also das ist die eigentliche Schwierigkeit, die wir nun haben. Die Einzelnen befinden sich in einem Verhältnis zu Gott; in diesem Verhältnis zu Gott sind sie in Bezug auf ihre Mitmenschen böse, und zwar auch dann, wenn man das nicht eigentlich merkt. Ich will der eigentlich Gerechtfertigte vor Gott sein, deshalb sehe ich den andern als den an, der das nicht sein darf. Aus dieser Situation kommt die Bosheit, die sich natürlich im Wesentlichen immer nur auf Menschen richtet; und zwar nicht so, dass man sagen kann: Der Andere verführt mich dazu. Das habe ich ja eben gelesen, man kann nicht sagen, dass die anderen im Bösen versunken sind und mich dadurch verleiten, sondern diese Bosheit ist spontan. Aus dieser spon-

---

7 Kant: *Die Religion innerhalb der Grenzen der bloßen Vernunft*, S. 31.
8 Kant: *Die Religion innerhalb der Grenzen der bloßen Vernunft*, S. 119f.

tanen Bosheit verhalte ich mich zu den anderen Einzelnen, und dann ist noch die große Frage: Wie komme ich denn über diese Situation hinaus? Das ist eine sehr schwierige Frage, wie soll man das denn machen? Und unter diesem Gesichtspunkt lese ich das hier. Kant hat natürlich manchmal auch der Versuchung nachgegeben zu meinen, er hätte dafür Lösungen gefunden. Und das wird er auch in gewisser Weise gefunden haben, aber eben nur in gewisser Weise. Denn wie will man das denn machen? Wenn wir lauter Wesen der Bosheit sind, genügt es nicht zu sagen, wir bilden jetzt eine geistige Gemeinschaft, und bleiben trotzdem so böse, wie wir sind. Das ist das Problem der Kirche.

Jetzt sehen wir uns an, wie wir zu diesen Lösungsversuchen kommen; das ist jetzt entscheidend. Das wäre die Seite 124, wir machen hier wieder ein wenig langsamer: Die Menschen wären also im natürlichen Zustand unter dieser Bosheit; dieser Naturzustand ist „eine *öffentliche* wechselseitige Befehdung der Tugendprinzipien, [...] ein Zustand, aus welchem der natürliche Mensch so bald wie möglich herauszukommen sich befleißigen soll."[9] Wenn wir dieses Gebot Gottes haben, aus diesem Zustand unter der Bosheit herauszukommen, dann wäre das, was jetzt den Menschen bestimmt, das, dass er etwas **soll**: Ich erlebe meine Bosheit so – das ist, weshalb ich mich mit der Psychoanalyse und ähnlichem nicht abfinden kann –, dass ich auf die Weise des Sollens erlebe, so nicht zu sein. Das ist der eigentliche Witz: Der Mensch ist nicht einfach böse, sondern so, dass er aus der Bosheit herauskommen **soll**. Das liegt daran, dass Gott ihn eben durch seine Barmherzigkeit, wenn Sie so wollen, im Leben erhalten hat und nicht gesagt hat: ‚Du hast jetzt mit dem Mord die Sache abgeschlossen.' Sondern vom Mord her ist er unstät und flüchtig auf der Erde und von allen verfolgt und zum zweiten Mal von Gott verflucht, steht aber auch gleichzeitig unter der Barmherzigkeit Gottes. Und **das** ist das Gute: das Leben, das in ihm sagt, ‚so soll ich nicht sein'. Auf die Weise, dass ich weiß, ich soll so nicht sein, bin ich schlecht. Das ist nicht so schwierig zu verstehen, man muss sich nur darauf einlassen, und dann wird man sehen, dass das sehr viel für sich hat. **Die Behauptungen** sind falsch, wenn ich sage: ‚Ich bin schlecht. Ich bin gut...' **Nein**! **So** bin ich schlecht, dass ich weiß: Ich soll da heraus. Und das haben die alten Juden gesehen und in diese Geschichte hineingeheimnisst. Das ist schon beachtlich, wenn man bedenkt, dass sich das alles so ganz leicht anhört: Es war erst das und dann das und dann kam der Kain, er hat den Bruder totgeschlagen... Und niemand

---

9   Kant: *Die Religion innerhalb der Grenzen der bloßen Vernunft*, S. 124.

denkt über die Sache nach! Es ist doch nicht selbstverständlich, dass das Kind derer, die unmittelbar zu Gott sind, schon gleich seinen Bruder erschlägt – und das also wegen des Kultes! Das ist die Situation, in der diese Schlechtigkeit ist und wir das Bewusstsein haben: So soll es nicht sein!

Das ist jetzt das Zentrum meiner Untersuchungen: „Hier haben wir nun eine Pflicht von ihrer eigenen Art, nicht der Menschen gegen Menschen, sondern des menschlichen Geschlechts gegen sich selbst."[10] Wenn ich mich zu den anderen Menschen verhalte, dann stehe ich unter dieser Bosheit. Aber ich habe gleichzeitig das Bewusstsein des Sollens, und dieses Sollen ist dasjenige, was mich in der Situation der Bosheit eigentlich zum Menschen macht. Jetzt käme es darauf an, mein Leben aus diesem Sollen zu bestimmen. Das ist nicht die Pflicht eines Einzelnen gegen andere Einzelne, sondern das ist eine Pflicht, die im Menschsein als solchem liegt, eine Pflicht der Menschheit gegen sich selbst. Wir alle stehen in diesem Bewusstsein des Sollens: Das Menschsein soll so sein, dass man den anderen in der Gemeinsamkeit mit ihm versteht, ohne als Einzelner darin vorwalten zu wollen. Wenn ich mir das in diesem Zirkel zu sagen erlauben darf: Das ist das völlige Umwerfen des Redens vom kategorischen Imperativ. Der kategorische Imperativ ist meiner Überzeugung nach in der kantischen Lehre das Einfachste. Jeder weiß, dass man nach dem kategorischen Imperativ handeln soll und dass man dann sagen kann, was gut ist. Zum Beispiel, du sollst nicht stehlen, du sollst den Andern nicht betrügen und was man da alles aufführen kann, und das ändert an der Bosheit gar nichts. Kant hat das natürlich immer in den Vordergrund geschoben, die theoretische Vernunft, die war Kant selbst auch halb dunkel, kompliziert und schwierig; hingegen der kategorische Imperativ leuchtete ein! Warum? Weil's ungenügend ist. Denn der Mensch ist schlecht. Und das ist eben das Große, was wir hier bei Kant haben, das hat er im Alter in dieser Weise korrigiert und kein großes Geschrei darüber erhoben, denn er war ja durch den kategorischen Imperativ berühmt geworden. Das ist eine völlige Revolution der kantischen Denkart selber! Mein Vater hat das oft gelesen: „Der, der den kategorischen Imperativ erfand, war, wie jedermann weiß, Immanuel Kant." Man meinte, das war seine große Leistung, aber das war gerade das Allereinfachste. Denn es ist so: Ich tue für einen Andern etwas Gutes nach dem kategorischen Imperativ, ich gebe ihm das Geld zurück, das ich von ihm geliehen habe. Das ändert an meiner Bosheit nichts, weil diese Bosheit nämlich kultischen Charakter hat. Insofern ich als ein Wesen im

---

10 Kant: *Die Religion innerhalb der Grenzen der bloßen Vernunft*, S. 125.

Verhältnis zu Gott genommen werde, bin ich böse im Verhältnis zu den andern Menschen. Ich verlange, der Erlöste zu sein, ohne zu sagen, diese meine Erlösung sei auch die Erlösung aller andern. Und das ist auch Kants Frage: Wie kommen wir denn zur allgemeinen Kirche, wie soll ich das machen, wenn ich doch der Böse bin? Durch den kategorischen Imperativ ist überhaupt nichts zu machen; einer der hundertmal alles Gute tut, ändert an dieser Bosheit, die die menschliche Gattung als solche betrifft, nichts. Ich bin davon nur ein einzelner Fall, ich muss das Gattungshafte selber verändern, und das soll jetzt nach Kant durch die Religion geschehen. Das ist eine schwierige Sache. Wenn man bösartig ist (das bin ich nicht), kann man sagen: Es ist dem Kant nicht gelungen, denn nachdem er das aufgestellt hat, kommt man darüber nicht mehr hinaus. Er meint aber, er könne das **doch**. Dazu wollen wir das Wichtige auf Seite 125 lesen. Wenn unter Ihnen zum Beispiel Lehrer für Philosophie sein sollten, ist das die Seite, die unbedingt gelesen werden muss:

„Hier haben wir nun eine Pflicht von ihrer eigenen Art, nicht der Menschen gegen Menschen, sondern des menschlichen Geschlechts gegen sich selbst. [...] das höchste sittliche Gut [wird] durch die Bestrebung der einzelnen Person zu ihrer eigenen moralischen Vollkommenheit allein nicht bewirkt [...]" – das war das, was er vorher die ganze Zeit mit dem kategorischen Imperativ gesagt hat: Ich kümmere mich um meine moralische Vollkommenheit und dann sollen natürlich alle sich so bemühen und dann wird's schon. Also: Das höchste sittliche Gut wird durch die Bestrebungen der einzelnen Person zu ihrer moralischen Vollkommenheit allein **nicht** bewirkt. „...die Idee [...] einer allgemeinen Republik nach Tugendgesetzen, [ist] eine von allen moralischen Gesetzen (die das betreffen, wovon wir wissen, dass es in unserer Gewalt stehe) ganz unterschiedene Idee..." Das muss man dreimal unterstreichen, das weiß kein Mensch! Sie hören es jetzt von mir. Durch den kategorischen Imperativ, durch diese Bestrebung, das Gute zu tun, wird diese Gesellschaft **nicht** erreicht, und zwar aus dem Grunde, weil sie die Bestrebung der Menschen als einzelner ist. Jetzt soll man darüber hinauskommen. Diesen Satz wiederhole ich: „Die Idee einer allgemeinen Republik nach Tugendgesetzen ist eine von allen moralischen Gesetzen (die das betreffen, wovon wir wissen, dass es in unserer Gewalt steht)" – also zum Beispiel das Geld zurückzugeben oder für einen andern sich aufzuopfern und so weiter, – „ganz unterschiedene Idee."[11] Und dann wird das noch erklärt: nämlich

---

11 Kant: *Die Religion innerhalb der Grenzen der bloßen Vernunft*, S. 125.

auf ein Ganzes hinzuwirken, wovon wir nicht wissen können, ob es als solches auch in unserer Gewalt stehe. Was diese Tugendgesellschaft betrifft, so kann man davon nur sagen: Alles, was **ich** machen kann, das bewirkt sie **nicht**. Zum Beispiel, die größte Liebe, die der Mensch haben kann, ist die Liebe zu seinen Freunden. So etwas steht ja auch in der Bibel. Nicht nur vom Feind, sondern auch vom Freund. Und doch ist das alles egal, der Mensch bleibt dabei ein einzelner, und da weiß ich noch, dass das in meiner Gewalt steht. Hingegen davon, wie ich das Böse loswerden kann, weiß ich das nicht, weil das als ein Hang erlebt wird. Es wird erlebt als ein Hang, heißt: Ich stehe in dieser Situation und kann mir darin nicht helfen. Da nützt aller gute Wille nichts, der gute Wille ist ja da: Ich **soll** heraus, und da sagt Kant: So viel wir einsehen, muss das irgendwie gehen. Auf welche Weise sehen wir das denn eigentlich ein? Das ist das Problem. Das ist schon einmal eine sehr schöne und große Einsicht dieses alten Kant, dessen rühme ich mich sozusagen, das sieht man mit dem Alter besser: Diesen Umschwung von einem theoretischen Philosophen, der als theoretischer Philosoph meint, er sei auch praktischer Philosoph, zu einem solchen religiösen, bei dem ganz alten Kant. Danach ging es bei ihm mit den geistigen Kräften bergab, da kam nichts mehr. Dann hat er noch seine *Anthropologie* herausgegeben, die bereits fertig war und nur als Buch zur Herausgabe fertiggemacht wurde.

Also das ist das Entscheidende: Wie kann der Mensch, der böse ist und der nun sieht, was er machen kann, aber dabei immer böse bleibt, zu einer solchen Gemeinschaft kommen? In diesem Zusammenhang tritt die Frage der Kirche auf: „…so ist die Pflicht, der Art und dem Prinzip nach, von allen andern unterschieden."[12] Wir haben hier auch Philosophen sitzen: Das ist nicht bekannt! Wenn man sich sonst über die *Religion innerhalb der Grenzen der bloßen Vernunft* äußert, dann redet man natürlich schon vom radikal Bösen; was Kant aber sagt, ist ganz klar: Ich kann noch so gut sein, von Natur aus bleibe ich immer auch böse. Und das betrifft **alle**. Von Einzelnen ist hier aber gar nicht die Rede, sondern überhaupt nur vom Allgemeinen, das ist das Philosophische daran. Ich bin nicht damit befasst, dass ich sage: ‚du bist schlecht und ich bin besser' oder umgekehrt, das ist alles zusammen Ausdruck der Bosheit, da kann man nichts machen.

Nun gehe ich weiter zu Seite 129 unten und 130. Da sagt er, es wäre nun das Problem, wie man aus dieser Situation herauskommen kann: „Der Wunsch aller Wohlgesinnten ist also: ‚dass das Reich Gottes komme, dass

---

12 Kant: *Die Religion innerhalb der Grenzen der bloßen Vernunft*, S. 125.

sein Wille auf Erden geschehe'". Sie sehen, er war ein tüchtiger Bibelleser und hat das bedacht, nicht einfach nur heruntergelesen: dass das Reich Gottes komme, dass sein Wille geschehe auf Erden, nicht etwa im jenseitigen Bereich, sondern hier, auf Erden: „aber was haben sie nun zu veranstalten, damit dieses mit ihnen geschehe?"[13] Wie soll es dazu kommen? Das, was sie zu veranstalten haben, lässt er zunächst auf sich beruhen, sondern bestimmt nur, was man eigentlich haben will. Da wird gesagt: „Ein ethisches gemeines Wesen unter der *göttlichen Gesetzgebung ist eine Kirche*, welche, sofern sie kein Gegenstand möglicher Erfahrung ist, die *unsichtbare Kirche* heißt [...] wie sie jeder von Menschen zu stiftenden zum Urbilde dient."[14]

Die Kirche ist unsichtbar; es wird gesagt: Ich will diese Bosheit los sein, aber ich sehe in keiner Weise, wie das zustande kommen kann, ich weiß nur, dass es so sein soll. Dieses Sollen, dem nichts entspricht, ist die unsichtbare Präsenz dieser Kirche, der allgemeinen Kirche, die für alle Menschen gültig ist. Alle haben dieses Bewusstsein: Wir bilden zusammen eine Gemeinschaft des Menschen, die nicht durch den Einzelnen zur Bosheit bestimmt wird, sondern in der der Einzelne sich als Einzelner in diesem allgemeinen Menschsein aufhebt. Das ist unsichtbar, das findet man nicht. Was man findet, ist das, was wir hier sind – das ist sichtbar. Gemeint ist aber die unsichtbare Kirche, in der wirklich diese Gemeinschaft des Menschseins wäre, worin die Bosheit, der Hang zum Bösen, der den einzelnen Menschen charakterisiert, verschwunden wäre. Das muss man ernst nehmen; ich für meine Wenigkeit habe das Bewusstsein, dass ich mich mit dem, wovon ich rede, identifizieren kann oder nicht. Und es scheint mir, dass ich mich doch mit dem, was Kant hier sagt, sehr gut identifizieren kann: dass diese Bosheit den Menschen charakterisiert; es geht ihm darum, dass man aus der Bosheit herauskommt, aber wie, das findet man nicht! Das zusammen ergibt den Wunsch nach der unsichtbaren Kirche. Dann ist noch die Frage: Wie kann ich von dieser unsichtbaren Kirche zur sichtbaren finden? Zwischen beiden ist ein großer Unterschied, denn in der sichtbaren Kirche sind wir wieder als Einzelne da und sind schlecht. Damit, was es alles für Fehlformen usw. gab, hat er nachher das Buch angefüllt und dabei viel Stoff gefunden, die Schlechtigkeit der Realisierungsversuche der unsichtbaren Kirche als einer sichtbaren Kirche feststellen zu können. Damit befassen wir uns hier nicht, das erfordert erheblich mehr als eine Stunde Zeit.

---

13 Kant: *Die Religion innerhalb der Grenzen der bloßen Vernunft*, S. 129.
14 Kant: *Die Religion innerhalb der Grenzen der bloßen Vernunft*, S. 129f.

Die unsichtbare Kirche ist das eigentliche Problem. Deswegen heißt es: „Aber was haben sie nun zu veranstalten, damit dieses mit ihnen geschehe?" Diese Gemeinschaft im Menschsein, in der der Einzelne nicht mehr den Ton angibt, aus dem heraus das Menschsein verstanden werden muss, das bedeutet, dass der Einzelne sich in diesem Menschsein so versteht, dass er den andern nicht mehr eliminieren will. Diese unsichtbare Kirche, die man nicht findet – wie soll man sich das vorstellen? Jede vom Menschen zu stiftende muss als Abbild von diesem Urbild verstanden werden. Kant sagt gleich nochmals: „die sichtbare Kirche ist die wirkliche Vereinigung der Menschen zu einem Ganzen, das mit jenem Ideal zusammenstimmt. Die wahre sichtbare Kirche ist diejenige, welche das Reich Gottes auf Erden, so viel es durch Menschen geschehen kann, darstellt."[15] Das wäre also das Programm, und die Frage ist, wie man das machen kann; es ist eine Paradoxie oder Auswegslosigkeit, die sich hier bietet.

Kommen wir nun zu diesem Problem der Darstellung der unsichtbaren Kirche auf die Weise der sichtbaren Kirche, zu Seite 129 bis 130, auf die Darstellung der unsichtbaren Kirche in der sichtbaren Kirche. Um nun im reinen Religionsglauben einen Kirchenglauben darzustellen, dazu bedarf es der göttlichen statutarischen Gesetze. „...eine Kirche aber als Vereinigung vieler Menschen [...] zu einem moralischen gemeinen Wesen, bedarf einer *öffentlichen* Verpflichtung, einer gewissen auf Erfahrungsbedingungen beruhenden kirchlichen Form..."[16] Das subjektiv Notwendige und die Erfahrung muss man jetzt vereinen; da frage ich mich nicht mehr, ob die Erfahrung skeptisch angesehen werden muss, sondern ich frage mich nur, wie ich mich nun in dieser Situation verhalte; es ist völlig egal, ob das mit oder ohne Skepsis geschieht, weil die Skepsis eine Art des Räsonnements ist, die die Sache nicht genügend erhellt. Es bedarf also „einer gewissen auf Erfahrungsbedingungen beruhenden kirchlichen Form, die an sich zufällig [...] ist, [und] ohne göttliche statutarische Gesetze nicht als Pflicht erkannt werden kann".[17] Er sagt, es braucht für diese Leute, die sich da unter dem Hang zur Bosheit erfahren, gewisse göttliche Gesetze, nach denen sie sich miteinander vereinigen können: Es gibt zum Beispiel den Staat, das gehört dazu, da kann man natürlich Regeln finden, nach denen ein Zusammenleben möglich ist, aber unter der Bedingung der Bosheit. Zum Beispiel: Demokratie – die Bosheit

---

15 Vgl. Kant: *Die Religion innerhalb der Grenzen der bloßen Vernunft*, S. 130.
16 Kant: *Die Religion innerhalb der Grenzen der bloßen Vernunft*, S. 136.
17 Kant: *Die Religion innerhalb der Grenzen der bloßen Vernunft*, S. 136.

bleibt! Es wird alles geregelt von lauter Wesen, die an und für sich böse sind, was bedeutet, auf Kosten der andern existieren wollen. Es hat doch sehr viel für sich, das so anzusehen, wie es hier angesehen wird, nämlich von sich aus überhaupt das Verhältnis des Menschen zu Gott anzusehen. Dass der Mensch überhaupt als Mensch existiert, das bedeutet, dass er diese Bosheit hat, die andern nicht zu akzeptieren. Und das drückt sich in einer Republik, in einer Demokratie noch stärker aus als in einer Monarchie. Das soll in der Kirche vermieden werden.

Er redet nun also darüber, dass der Mensch in dieser Situation in der Ratlosigkeit ist – wie soll man das machen? Denn es dreht sich um göttliche Gesetze, Gesetze, die von ihnen her nicht eigentlich verstanden werden können. „In der Zweifelhaftigkeit dieser Aufgabe nun, ob Gott oder die Menschen selbst eine Kirche gründen sollen, beweist sich nun der Hang der letzteren [der Menschen] zu einer *gottesdienstlichen Religion* (cultus), und weil diese auf willkürlichen Vorschriften beruht, zum Glauben an statutarische, göttliche Gesetze…"[18].

Davon, wie er das ansieht, hat Kant kein großes Aufheben gemacht; das Entscheidende ist dies: Jetzt soll ich die sichtbare Kirche wirklich gründen, aber diese Aufgabe ist zweifelhaft. Kann ich das als Mensch, der ja böse ist, leisten, wenn ich sehe, das Gesetz muss an und für sich diesen göttlichen Charakter für die Weise, in der wir uns vereinigen, haben? Das Ganze ist in einer Situation der Zweifelhaftigkeit. Diese Zweifelhaftigkeit, die in der Religion liegt, die ergibt in der Religionsausübung, im Kultus, dass die Religion selbst auf die Weise eines **Hanges** ausgeübt wird: Sie wissen nicht, was sie machen sollen. Und dann verhält man sich auf die Weise des Hanges. Es soll das Gute erreicht werden, und wie soll man das erreichen? Es muss etwas Göttliches stattfinden, aber nur wir sind da. Und nun wird also nach Kant versucht, die sichtbare Kirche als Ausdruck der unsichtbaren Kirche einzurichten, und auf diese Weise werden ständig neue Versuche unternommen, indem man versucht, frühere wieder zu verbessern, um auf diese Art und Weise der Idee der unsichtbaren Kirche näher zu kommen. Aber das Entscheidende ist das, was er hier auch gesperrt hat: Auf diese Weise kommt man zur gottes**dienstlichen** Religion. Man sucht einen **Dienst** an Gott zu realisieren, indem man sagt: ‚Das hat Gott mir befohlen und das realisiere ich jetzt;‘ und auf diese Weise wird der Kultus in seinem eigentlichen Sinne zu einem Dienst an Gott, indem man sagt: ‚In diesem Gottesdienst erfülle ich

---

18 Kant: *Die Religion innerhalb der Grenzen der bloßen Vernunft*, S. 137.

Gottes Vorschriften, die er mir gibt, und auf diese Weise kann ich als einzelner Mensch in dieser Welt die göttlichen statutarischen Bestimmungen erfüllen.' Hierüber wird also in diesem ganzen Buch ausführlich geredet. Das Entscheidende wäre, dass er sagt: Es bleibt dabei, wir müssen dasjenige finden, was eine besondere Pflicht der Menschen, ein Mittel zum höchsten Zwecke derselben, ausmacht, nämlich die beharrliche Vereinigung derselben zu einer allgemeinen sichtbaren Kirche; und da kommt er auf Grund der Bibel zu der Überzeugung, dass die ganzen Versuche, die man mit Opfern, Offenbarungen und so weiter gemacht hat, zu nichts führen. Das sei nun das Wesen des Evangeliums, dass da der weise Lehrer aufgetreten ist, der die Menschen von ihrem eigenen, durch Bosheit bestimmten egoistischen Wesen zur Weisheit herüberzieht. Das wäre das, was er dann im Grunde von Jesus sagt, und was man vom christlichen Glauben aus dann noch weiter besprechen muss. Der weise Lehrer gibt den Menschen die Gebote, die nötig sind, um eine solche sichtbare Kirche im Geiste der unsichtbaren Kirche zu gründen. Und diese Statuten befinden sich sozusagen in wenigen Sätzen, er hat hier vieles Einzelne zitiert, hat dabei aber zweierlei Grundsätzliches, wodurch der natürliche, aber böse Hang des menschlichen Herzens ganz umgekehrt werden soll. Seite 207 unten geht die Sache los, hier sind wir auf Seite 210, wo er sagt, dass der natürliche, aber böse Hang des Menschen ganz umgekehrt werden solle; und dann sind die beiden obersten Regeln: ,Liebe Gott über alles, und liebe einen jeden Menschen als dich selbst.' Dieses seien Vorschriften der Heiligkeit.[19]

Also Sie sehen, dass die Sache dadurch leichter wird, nicht wahr. Es ist eine Lösung gefunden und auf diese Art und Weise sagt man nun: ,Durch den weisen Lehrer, der uns aufruft, das Böse zu überwinden, und der uns diese Vorschriften der Heiligkeit ins Herz schreibt, wird den Menschen durch diese Vorschriften die Möglichkeit eröffnet, sich zu dieser unsichtba-

---

19 Vgl. Kant: *Die Religion innerhalb der Grenzen der bloßen Vernunft*, S. 211: „Endlich faßt er [der weise Lehrer] alle Pflichten 1) in einer *allgemeinen* Regel zusammen (welche sowohl das innere, als das äußere moralische Verhältnis der Menschen in sich begreift), nämlich: tue deine Pflicht aus keiner andern Triebfeder, als der unmittelbaren Wertschätzung derselben, d.i. liebe Gott (den Gesetzgeber aller Pflichten) über alles, 2) einer *besonderen* Regel, nämlich die das äußere Verhältnis zu andern Menschen als allgemeine Pflicht betrifft, liebe einen jeden als dich selbst, d.i. befördere sein Wohl aus unmittelbarem, nicht von eigennützigen Triebfedern abgeleitetem Wohlwollen, welche Gebote nicht bloß Tugendgesetze, sondern Vorschriften der *Heiligkeit* sind, der wir nachstreben sollen [...]." [Hervorhebungen im Original.]

ren Kirche hin zu öffnen.' Dann gibt der göttliche Lehrer auch noch weitere Statuten an, zum Beispiel, dass man ständig im Verhältnis zu den andern Menschen im Geiste des Gebets leben soll. Kant war ja kein Freund des Privatgebets. Und zum Bußtag – den Bußtag hat man jetzt aufgehoben zu meinem ehrlichen Bedauern – hat er geschrieben: Bußtag: ja, Bettag nein.[20] Den Geist des Gebetes, den wollte er für die christliche Gemeinschaft haben, und dann dreierlei: den gemeinsamen festlichen Gottesdienst, in dem sie alle zusammenkommen; dann die feierliche Aufnahme eines neuen Mitgliedes, indem sich alle andern in dieser Gemeinschaft verpflichten, ihm beizustehen und in diese Gemeinschaft mit einzubringen, das wäre die Taufe; und schließlich die Erinnerung an diese göttliche Gesetzgebung durch den Stifter der Kirche, durch die Weise, wie er selbst auch mit seinen Jüngern gelebt hat, in der Kommunion, in dem gemeinsamen Mahl. Das ist das, was er da im Wesentlichen sagt, und womit er endet. Damit sind wir am Ende angekommen, und nun fragt man sich: Hat die Sache nun einen großen Einfluss gehabt? Scheint nicht. Es ist kaum bekannt, geschweige denn, dass die Sache einen großen Einfluss gehabt hätte. Er selbst scheint anderer Meinung gewesen zu sein, das will ich dann nochmal vorn aus dem Vorwort lesen, Seite 12–13, da redet er von den Theologiestudenten und sagt, die sollten zum Schluss ihres Studiums dieses Büchlein lesen:

„Ich getraue mir sogar in Vorschlag zu bringen: ob es nicht wohlgetan sein würde, nach Vollendung der akademischen Unterweisung in der biblischen Theologie, jederzeit noch eine besondere Vorlesung über die reine *philosophische* Religionslehre, (die sich alles, auch die Bibel zu Nutze macht), nach einem Leitfaden, wie etwa dieses Buch" – da ist er bescheiden, das macht er gern: „(oder auch ein anderes, wenn man ein besseres von derselben Art haben kann), als zur vollständigen Ausrüstung des Kandidaten erforderlich […] hinzuzufügen."[21] Also damit soll sich das theologische Studium ändern; ich kenne keine Theologen, egal ob katholisch oder evangelisch, die das machen, das theologische Studium mit diesem Büchlein zu beenden.

Für uns ist die Frage, was ist denn nun eigentlich der Haken an dieser Geschichte? Mit dem weisen Lehrer kommt man eben nicht weiter. Und wenn ich dann noch einiges Wenige dazu sagen darf: Das Entscheidende bei

---

20 Vgl. Kant, HN, AA 21: 150: „Ein Bettag ist ein ganz überflüßiges Ding welches alle Sonntag abgekanzelt wird und nichts bewirkt. – aber ein Bußtag Kraftvoll und Seeleneindringend vorgetragen ist ein warer Heiligentag".

21 Kant: *Die Religion innerhalb der Grenzen der bloßen Vernunft*, Vorrede zur ersten Auflage, S. 12f.

der christlichen Religion ist nicht der Verkündig**er**, sondern die Verkündi**gung**. Da ist jemand, nach den ersten Kapiteln des Markusevangeliums, der lebt am See Genezareth, kein Mensch stellt etwas Besonderes fest. Nun kommt die Verkündigung, sie heißt: Die Fülle der Zeit und das Reich Gottes sind gegenwärtig. Und in diesem Augenblick erst wird der Verkündiger bemerkt. Er ist nicht von vorne herein Lehrer, sondern er wird es erst durch die Verkündigung, die sie nicht verstehen, die andern konnten durch sich nicht auf diese Verkündigung kommen. Aber da war ein Mensch, der sie durch das, was er gesprochen hat, auf eine Verkündigung gebracht hat. Darin hat er seine eigene Verkündigung auch erst selbst erkannt. Wenn er ein Mensch war so wie wir alle, dann hat er auch an seinem eigenen Sprechen erst gefasst, was er eigentlich gemeint hat. Daran verstehen wir diese Verkündigung alle, und an diesem Menschen, der ihnen die Verkündigung bringt, verstehen sie, dass die Verkündigung durch ihn auf die Erde gekommen ist, denn sie verstehen es durch sich **nicht**. Es wird ihnen aber zuteil, und sie verstehen es auf diese Weise. Das füge ich jetzt also einmal hinzu, weil man immer noch etwas Kritisches sagen soll, will ich das also auch sagen. Das wäre eine christliche Hinzufügung, die zu der Sache nach meiner Meinung in der Tat gehört.

Kant selbst, möchte ich meinen, war bei dieser Sache von der Unzulänglichkeit des philosophischen Räsonnements sehr wohl überzeugt. Dadurch, dass man mit dem philosophischen Räsonnement bei all der Mühe, die er sich damit macht, am Schluss nur auf Jesus als den weisen Lehrer kommt, kann man dem religiösen Bewusstsein nicht wirklich gerecht werden; obwohl das völlig bestehen bleibt, dass das kultische religiöse Bewusstsein durch diesen Hang bestimmt ist, der nicht der Hang zum Bösen selber ist, aber zum Bösen ausschlagen kann. Das ist aber eine Situation, in der man nicht eigentlich weiß, was man tut. Wir wissen gar nicht, was das Göttliche und das Menschliche ist, und dann nimmt man das als das Göttliche an, was man selbst irgendwie gebildet hat, von dem kann man nicht ausschließen, dass es doch göttlich ist. Und er hat dieses Bewusstsein, durch Christus weiterzukommen und muss ihn dann aber auch wieder weltlich verstehen. Ich sage also hier: Das, was man verstanden hat, war die Verkündigung, und aus der Verkündigung Jesus, aber nicht so, dass wir damit verstanden hätten, woher die Verkündigung eigentlich kommt. Sondern er war der Mensch, von dem man es erfahren hat. Diese schwierige Situation haben wir also bei Kant. Dieses Buch hat vier Teile, vier Hauptteile, und an jeden dieser Teile ist noch eine größere Anmerkung angehängt. Nun nehmen wir hier das letzte Wort überhaupt des Buches, also den letzten Satz vom vierten Buch, das Allerletzte, was er sagt. Da steht ein Zitat aus dem Markusevangelium. Ein Vater, dessen Sohn vom bösen Geist verfolgt wird, fleht den Herrn an, seinen Sohn von diesen Geistern zu befreien, und Jesus sagt zu ihm: ‚Wenn du glaubst, ist alles möglich‘, und daraufhin befreit er dann auch den Sohn. Und das, was der Vater antwortet, ist: „Ich glaube, lieber Herr. Hilf meinem Unglauben."[22] Das wär's, was wir als Philosophie hier haben.

Frage: Wie hat Kant sich zu Christus bekannt? So, wie Sie ihn jetzt geschildert haben, das ist ja eigentlich Buddha, geht nicht über Buddha hinaus, die Verkündigung göttlicher Gesetze; aber der Unterschied zum Christentum, so wie wir Christus verstehen, ist dieser ungeheuerliche Eingriff Gottes in die Menschheitsgeschichte, als neue Schöpfung, etwas ganz anderes als ein Verkünder, selbst wenn er selbst die Verkündigung ist. Hat Kant zu dieser Frage Stellung genommen, also war er ein christgläubiger Mensch?

Kopper: Wenn ich es positiv beantworten darf, sage ich, dass er das war. Aber er war es als Philosoph des achtzehnten Jahrhunderts, das heißt als Rationalist, der zugleich empiristisch dachte. Und da hat er die Bibel sehr genau studiert, (den Hinduismus usw. gar nicht), und kannte das sehr wohl. Er hat es aber als eine Weisheit ausgelegt, die vorher von Menschen so nicht ausgesprochen worden ist, und durch die sie nun zur unsichtbaren Kirche geleitet werden sollen. Da bin ich der Meinung: Mit einer solchen Auslegung Jesu als des Weisen, des Lehrers, Rabbi, kommt man nicht weiter. Sondern es muss geschehen (und das ist die eigentlich philosophische Überlegung, die man eben an den Kant anschließen muss) durch das Verständnis der Verkündigung, die Verkündigung heißt (Markus 1.15): „Die Zeit ist erfüllt, das Reich Gottes ist herbeigekommen", das haben offenbar alle verstanden, aber nur so, dass sie nicht wussten, wieso sie es verstanden haben; es bleibt also unverstanden – da ist gar nichts zu machen. Und das ergibt dann die unsichtbare Kirche, d.h. ich würde sagen: die sichtbare Kirche als Ausdruck der unsichtbaren Kirche. Ich glaube schon, dass Kant ein sehr bedeutender Mann ist, und ich kann sagen, dass ich mich doch an Kants ewiger Kritik am Gottesdienstlichen ja auch gestoßen habe. Aber man sieht, deswegen der Schluss mit dem „Hilf meinem Unglauben!", dass er sagt, ich bemühe mich und mühe mich und ich stehe im Glauben und kann doch nicht wirklich Rechenschaft abgeben. Das ist die Schwierigkeit.

---

22 Vgl. Kant: *Die Religion innerhalb der Grenzen der bloßen Vernunft*, S. 253.

Frage: Ich wollte jetzt noch mal nach diesem Apriori, dem Hang zum Bösen fragen. Oder auch nach dem Hang zum Guten?

Kopper: Davon sage ich, das ergibt sich aus der Bibel. Es ist ein Hang, weil es gelebt wird so, dass man Gott durch seine eigene Bedürftigkeit versteht und dass Gott den Menschen so geschaffen hat. Das Ganze kommt heraus auf das eigentliche Wirken Gottes selber, der diese Welt geschaffen hat. Da schafft er den Menschen als ein bedürftiges Wesen; dieses Bedürftige bedeutet, dass der Einzelne als Einzelner existiert, als der, der eben Hunger hat, schlafen muss usw., und dass auf diese Weise auch das Verhältnis zu Gott bestimmt ist. Und dann liegt die Gegenwart Gottes darin, dass Gott ihn doch unter dem Fluch, das heißt unter dem Todesbewusstsein, am Leben erhält. Das liegt daran, dass der Mensch sich nun in diesem Bösen nicht einfach so wie unter einem Faktum erfährt – so ähnlich wie das, was man empirisch in der Natur beobachtet – sondern auf die Weise: Du sollst die Gemeinschaft mit allen Menschen in der unsichtbaren Kirche haben! Auf die Weise dieser Bosheit selbst erlebt er das. Wenn er die Bosheit nicht hätte, würde er gar nichts erleben! Jetzt hat er sie aber, und die erlebt er so. Und das ist eben das, wovon Kant wieder eine rationale Auslegung durch den weisen Lehrer gegeben hat. Das leuchtet mir durchaus ein: Der Mensch ist angelegt auf die unsichtbare Kirche, die Kirche muss als sichtbare Kirche realisiert werden, sie kann nur realisiert werden durch die Verkündigung Jesu, und dann bleibt sozusagen nur noch übrig, dass man sich in einer angemessenen Weise auf das, was diese Verkündigung für Leute, die die Verkündigung nicht von sich aus gefunden haben, meint und bedeutet, und das im Laufe der Geschichte nun weiter zu entwickeln. Aber das ist nur eine untergeordnete Aufgabe, sondern das Entscheidende wäre also dieses: Mit Jesu Tod ist die Heilsgeschichte zu Ende. Das heißt, die jüdische Geschichte ist das Ende der Heilsgeschichte. Danach kommt nur noch die Auslegung des Heils. In dem stehen wir immer schon; wir sind am Ende. Das, was wir noch machen, sind eben Exerzitien innerhalb dieses Endes auf die Weise der Beschränktheit.

Frage: Hat Kant behauptet, dass der Kirchenglaube durch den Vernunftglauben überwunden werden muss und, wenn es sein muss, auch durch Revolution?

Kopper: Für beide gilt ja das Gleiche: die Vernunft setzt sich dagegen nicht durch. Und die päpstlichen Bestimmungen müssten also auch übervernünftiger Art sein. Das ist gerade das, was ich zeigen wollte, das ist meiner Meinung nach das Große an dem alten Kant, dass er diese Meinung: Ich habe durch den kategorischen Imperativ alles erklärt – das habe ich immer mit Misstrauen angesehen, weil das alle begreifen; der Kant ist schwierig, nicht wahr, und wenn plötzlich etwas kommt, was alle begreifen, kann das nichts sein –, dass er das jetzt selber korrigiert hat und sagt: Wir haben hier diesen weisen Lehrer, von dem ich nun lediglich dieses gesagt habe, wir müssen dazu sagen, das ist nicht der weise Lehrer, den wir kennen, sondern die Verkündigung, die er uns gibt, und von der wir sagen müssen: Wir sind der Urheber dieser Verkündigung *nicht*. Sondern wir erfahren sie nur passiv. Das wäre dann also die philosophische Herangehensweise.

Frage: Verkündigung, das Leben einer sichtbaren Kirche nach der Verkündigung, nach der wir jetzt streben, das ist alles schön und gut. Aber für den gläubigen Christen ist das der qualitative Unterschied, das ist die unmittelbare Gegenwart Gottes im Sakrament. Da geschieht ja göttliches Wirken. Das ist etwas Anderes als Leben nach der Verkündigung im Zweifel. Das ist ein Unterschied zu Buddha, ein qualitativer Unterschied, eine ganz andere Dimension.

Kopper: Also ich sage ungefähr so: Die ganze philosophische Besinnung muss nun darauf gehen, diesen Jesus, der einfach nur als Mensch verstanden ist, in dieser Verkündigung selber zu verstehen, die von ihm ausgegangen ist. Man muss ihn auf diese Weise verstehen und nicht so, wie in den Evangelien und sonst, als Einzelnen, der eben auch da ist; zum Beispiel in der Weise, dass Jesus sich mit dem lieben Gott unterhalten hat; man hat ihn auf dem Berge gesehen mit Moses und mit Elias in der Unterredung usw. Das sind ja alles Weisen, wo ich nicht von der Verkündigung ausgehe. Ich muss Jesus selber durch die Verkündigung verstehen, und das ist die eigentliche Schwierigkeit, das sind die Dinge, mit denen wir uns jetzt noch befassen müssen, denn der Glaube steht fest, das sage ich. Der Glaube steht fest und was wir hier machen, also zum Beispiel ich, indem ich darüber nachdenke, das ändert am Glauben gar nichts. Wodurch man das endlich mal abschaffen muss, dass zum Beispiel Theologen und Philosophen als Gelehrte über dem einfachen Gläubigen stünden. Das kann gar nicht sein, weil die sichtbare Kirche ja der Ausdruck der unsichtbaren Kirche ist. So dass *jeder*, nach dieser These, im Glauben steht durch den Tod Jesu. Dann kommt das, was wir da als Auslegung noch hinzufügen können, weil wir eben verstehen unter dem Gegebensein der Einzelnen, auch des einzelnen Jesus.

Meditation des Christlichen in der Philosophie

Akademievortrag im Erbacher Hof vom 3. Februar 2011

Meditation des Christlichen in der Philosophie – das ist ein Thema, das außerordentlich kompliziert ist. Wenn Sie *Meditation* im Sinne der philosophischen Besinnung nehmen, was soll man über das Thema in so kurzer Zeit sagen können, wenn das, was man sagt, Hand und Fuß haben soll? Ich will mein Möglichstes tun und die Meditation vornehmen. Ich beginne, natürlich, mit den Anfängen, denn sonst können wir gar nicht verstehen, was das Christentum ausmacht. Wir müssen zu diesen Anfängen zurückgehen, weil wir sonst gar nicht wissen, wovon wir reden. Und dann werde ich, im zweiten Teil, auf den Hl. Anselm zu sprechen kommen. Da bitte ich jetzt schon um Entschuldigung, dass das kein Mensch versteht, aber ich werde mich trotzdem bemühen, wenn es irgendwie möglich ist, darüber zu reden. Es geht um den ontologischen Gottesbeweis; Sie müssen sich vorstellen, dass so ein Mann natürlich gemeint hat, dass das stimmt; während es heute bei der sog. wissenschaftlichen Behandlung von allem Möglichen heißt: Der hatte **den** Beweis, und der hatte jenen, der Hl. Anselm hatte diesen – und ob das wirklich zugkräftig ist, davon wird überhaupt nicht geredet. Das ist natürlich sehr misslich. Wir also sagen, es komme in diesem christlichen Denken darauf an, dass man ein Wissen, das die Sache selber trifft, um Gott hat. Jetzt ist die Frage, ob man das wirklich hat oder nicht. Da kann man doch nicht sagen: „A hat so gesagt, B hat es unterstützt, C nicht, noch andere haben anders gemeint…" Und das macht die Sache sehr schwierig, denn Sie sehen, man wird diesen Philosophen und ihren Bemühungen gar nicht gerecht. Also beim ontologischen Gottesbeweis sagt man, dass man a priori, ohne jeden Inhalt, zu diesem Wissen kommt. Außerdem gibt es den kosmologischen, den physikotheologischen – alle möglichen Beweise. Und dann gibt es natürlich noch den Atheismus, den man auch beweisen kann. – Über all das also will ich im zweiten Teil reden.

Jetzt fange ich also an: Das Christentum ist aus dem Judentum hervorgegangen, das Judentum ist, für die Religion, in der Bibel niedergelegt. An die Bibel müssen wir uns halten. Die Bibel ist zu sehr verschiedenen Zeiten verfasst worden, und wenn wir uns auf die ganze biblische Tradition beziehen, ist das alles in allem natürlich relativ spät geschrieben. Und der Anfang von dem Ganzen, der Bericht von den ersten Menschen, gehört dazu; er ist für die Frage des Glaubens entscheidend. Ich will mich dazu auch philosophisch äußern: Das, was in der Bibel vom Schöpfungsbericht und von den ersten Menschen erzählt wird, das ist, wenn wir so sagen dürfen, ein Produkt der reinen produktiven Einbildungskraft. Das hat man früher höflicher Inspiration genannt, das ist dasselbe. Denn die reine Einbildungskraft, über die wird ja hier nicht so geredet, als ob wir das verstanden hätten. Wir nehmen es nur zur Kenntnis, dass der Mensch diese Fähigkeit hat, sich so etwas wie den Anfang des Menschseins vorzustellen und das mit der Einbildungskraft in Bilder zu fassen. Das wäre dann also so: Es war der Herr da. Er hat den Adam geschaffen, und zwar so, dass dieser zugleich das Verbot hatte, vom Baum der Erkenntnis zu essen. Dann wird noch die Eva erschaffen – ich komme später auf all das nochmals zurück – und dann ist eben gleich der Sündenfall. Und nach dem Sündenfall wird der Acker, der Boden, die Erde verflucht, und Adam und Eva werden selber dem Tode unterworfen: „Denn du bist Erde und sollst zu Erde werden" (1. Mose 3, 19)[1] Das ist also das, was anfangs mitgeteilt wurde von diesen sündigen Menschen; und dann kommen gleich die beiden Söhne von Adam und Eva. Die sind nun, nachdem die Eltern bereits unter der Sünde stehen, wesentlich bestimmt durch Gottesverehrung, durch religiösen Kult, sie verehren Gott mit Opfern. „Und der Herr sah das Opfer des Abel gnädiglich an, und das des Kain wies er zurück"[2]. Nun waren das offenbar zwei Brüder (darüber wird natürlich weiter nichts gesagt), die sich ganz gut leiden konnten, wie alle Brüder. Aber nachdem ihn der Herr zurückgewiesen hat, hat Kain gesagt: „Das gibt's **nicht**." (Das ist der sogenannte Individualismus: das gibt's nicht.) Und Kain war dermaßen entsetzt, wegen dieser religiösen Handlung im Opfer nicht der Erste im Ansehen vor Gott zu sein, dass er den Bruder erschlagen hat. Da bildet man sich

---

1   Zitate entsprechend der Vorbemerkung Joachim Koppers in: *Einbildungskraft, Glaube und ontologischer Gottesbeweis*, Freiburg i. B. 2012, S. 13 „Die zitierten Bibeltexte habe ich, um sie den späteren Übersetzungsstreitigkeiten zu entziehen, nach einer von dem Directorium des Waisenhauses zu Halle 1803 veranstalteten Ausgabe angegeben."

2   1.Mose 4,5: Und der HErr sahe gnaediglich an Habel und sein opfer; Aber Cain und sein opfer sahe er nicht gnaediglich an.

natürlich ein: Das ist da so niedergelegt. Aber so simpel ist das nicht. Es ist nicht so wie bei einem Roman. Es dreht sich bei dieser Einbildungskraft darum, zu verstehen, was der Mensch sein soll. Und da ist es schon bei den Kindern dieser ersten sündigen Eltern so, dass der Bruder den Bruder erschlägt, weil dieser, was das Angenehmsein vor Gott betrifft, ihm überlegen war. Das kann er nicht erdulden. Da sehen Sie ja, dass sich das dann bei Jesus fortschrieb: Die Priester, die Hohepriester, können es nicht dulden, dass Gott etwa zu Jesus ein engeres Verhältnis haben sollte als zu ihnen. So sieht man, dass dies alles aus dieser jüdischen Tradition kommt, und dass es, obwohl es Einbildungskraft ist, keineswegs an der Sache vorbei geht. Denn nachher sind es geschichtliche Tatsachen.

Wir gehen jetzt möglichst schnell weiter: Der Herr erwählt dann aus diesen Nachfahren (Adam hat nach der Ermordung des Abel noch einmal einen Sohn gehabt), aus diesem Geschlecht, das von Adam herstammt, einen Teil, den er ausliest als das eigene Volk Gottes, dem er besonders verbunden ist. Von diesem Volk Gottes, von dem Vater Abraham her, dem diese Verheißung gegeben ist, dass seine Nachfahren das Volk Gottes sein werden, wird dann, auch wieder durch Einbildungskraft, gesagt, dass Moses, der im Gespräch mit Gott war, ihm die Gesetze Gottes übermittelt hat. Das Wesentliche sind dann diese zehn Gebote. Moses selbst hat es gegeben, das war wohl ungefähr 1100 vor Chr. Aber niedergeschrieben wurde das alles erst viel später. Und dann haben wir noch eine spätere Gruppe, die Propheten; das waren Leute, die gesagt haben, der Herr spricht persönlich zu mir, und ich drücke das jetzt aus, was er gesagt hat. In diesem Sinne heißt es bei ihnen: „ ...spricht der Herr." Sie haben also das mitgeteilt, was der Herr spricht, und sie haben Gott, diesen Gott des jüdischen Volkes, als den obersten Herrscher und Richter angesehen, erstens des jüdischen Volkes, zweitens aber auch der Menschheit im Ganzen. Damit müssen wir diese Einleitung beenden.

Jetzt komme ich also auf Jesus zu sprechen, der zu diesem jüdischen Volk gehörte – und zu dieser ganzen Entwicklung und zu diesem Verständnis, das in der jüdischen Geschichte von diesem jüdischen Volk entwickelt worden ist und das in der Bibel niedergelegt ist. Sehen wir also das Evangelium des Markus an; das ist unter den vier Evangelien dasjenige, das, wenn ich so sagen darf, das vertrauenswürdigste ist. Die Evangelien sind erst viel später geschrieben worden, und da ist so manches eingeflossen, so dass man das dann nicht mehr vertrauenswürdig finden kann. Wir halten uns also an Markus, und zwar nur an Kapitel 1. In Kap. 1, Vers 4 heißt es: „Johannes der war in der Wüste, taufte und predigte von der Taufe der Buße, zur Vergebung der Sünden." Damit fängt die ganze Geschichte an, mit der Erwähnung des Johannes, der im Flusse Jordan taufte, zur Buße und zur Vergebung der Sünden. Zur Buße, zur inneren Einkehr, zur Besinnung auf das eigene sündige Dasein und auf das Gottesverhältnis in diesem Dasein – das war's. Und er hat also auch Jesus getauft. Jesus ließ sich also taufen, so wie eben alle sich taufen ließen. Und das ist, ganz klar, ein Hinweis darauf, dass Jesus auch ein Mensch war und sich als zu den sündigen Menschen zugehörig angesehen hat. Wie das dann im Einzelnen näher zu verstehen sei, das ist für uns hier eine Art philosophische Überlegung, nicht einfach eine in irgendwelchen Behauptungen. Aber primär muss man sagen: Er hat sich mit Absicht taufen lassen. Johannes wollte das nicht, aber er ließ es dann zu, als Jesus das verlangte.

Dann kommen wir jetzt zu Jesus selbst, nun sind wir bei Vers 14/15 im ersten Kapitel des Markus-Evangeliums. Da heißt es: „Nachdem aber Johannes überantwortet war…" – also ins Gefängnis geworfen war von König Herodes, das war der jüdische Machthaber, und über diesem stand noch der Statthalter, der Gouverneur, das werden Sie ja alles gut kennen: „Nachdem aber Johannes überantwortet war, kam Jesus nach Galiläa…" – das war das Land innerhalb des ganzen jüdischen Gebietes, das nördlich gelegen war – und wo Jesus geboren war, und von wo [aus] man ihn erstmal nach Bethlehem ziehen ließ, weil das im jüdischen Gebiet [Judäa] lag, da gehörte der Sohn Davids hin. „…kam Jesus nach Galiläa und predigte das Evangelium vom Reich Gottes und sprach: Die Zeit ist erfüllet, und das Reich Gottes ist herbeigekommen. Tut Buße und glaubt an das Evangelium."[3] Das hat er gesagt. Ich wiederhole es: „Die Zeit ist erfüllet, und das Reich Gottes ist herbeigekommen. Tut Buße und glaubt an das Evangelium." Jetzt beginnt also das Philosophische: Was Jesus da gesagt hat, das hat kein Mensch begriffen. Was soll das heißen: die Zeit ist erfüllet, und das Reich Gottes ist herbeigekommen? Es wird immer so getan, als ob das alle wüssten. So ist es eben gerade nicht. Man weiß **nicht**. Und so könnte man eben sagen: in dieser Verkündigung Jesu, die die Menschen gar nicht verstanden haben – jedenfalls nicht auf die Weise, die ihnen geläufig war nach dem **alten** Gesetz –, in dieser Verkündigung geschieht für sie das weltliche Dasein Jesu. (Bei uns allen geschieht das überhaupt nicht. Sie sehen, ich stehe im Glauben, ich mache gar keinen Hehl daraus.) Das ist nur hier der Fall, wenn Sie die Verkündigung ansehen als etwas, das die Menschen überkommt, ohne

---

3   1. Markus 1,14-14: Nachdem aber Johannes ueberantwortet war, kam JEsus in Galilaeam, und predigte das evangelium vom reich GOttes, Und sprach: Die zeit ist erfuellet und das reich GOttes ist herbey gekommen. Thut buße, und glaubet an das evangelium.

dass sie es von sich aus verstehen; und der Mann [der die Verkündigung bringt] ist zugleich da; also ganz anders als im Falle der Propheten. Das Volk hat natürlich gesagt: „Das ist ein Prophet!" Das steht in der Bibel ja sehr häufig. Ein Prophet ist erschienen, ein außergewöhnlicher Prophet usw. Entscheidend ist aber, dass Jesus durch die Verkündigung verstanden wird. Sonst wäre er ein Mann gewesen wie alle anderen auch. Aber durch die Verkündigung und in ihr ist dieser Mann in der Welt für die anderen Menschen da. Das ist nach meiner Meinung das A und O für das ganze christliche Denken überhaupt. Wer das nicht sieht, der sagt: Jesus ist Gottes Sohn, oder: Er ist Mensch. Das sind alles Behauptungen, die nichts bringen; das Entscheidende ist: Auf welche Weise verstehen wir uns und verstehen wir ihn? Und da heißt es hier, wir verstehen uns in seiner Verkündigung, in der er selbst gegenwärtig ist, als gewöhnlicher Mensch, wie wir auch. Nur in der Verkündigung – **wir** sind alle **nicht** in der Verkündigung gegenwärtig. Das ist doch das Entscheidende, das muss man festhalten und nicht so tun, als ob man von Jesus sagen könnte: „Mein lieber Bruder". So ist die Sache nicht!

Auf diese Weise ist Jesus also in der Verkündigung erfahren. Und er predigt nun, und erwählt sich Jünger aus dem Kreis des jüdischen Volkes, zwölf Jünger, die ihn immer umgeben haben, und die, so kann man schon sagen, als Wanderprediger mit ihm durch die jüdischen Lande, also auch durch Galiläa, gezogen sind. Diese eigentliche Predigttätigkeit hat nicht sehr lange gedauert, und dann kam schon, auf Grund der Verfolgung durch die Geistlichkeit, der Tod Jesu nach relativ kurzer Zeit herbei. Weil sie eben nicht ertragen konnten, dass dieser Mann so von sich geredet hat, in dem Sinne: „Mein Vater, ich bin der Sohn" usw. Derselbe, der sich aber hat taufen lassen. Deswegen habe ich das vorhin angebracht: Die Taufe ist wichtig für das Ganze, über das wir hier reden. Jesus hat sich taufen lassen wie jedermann zur Vergebung der Sünden. Es gab so eine Zeit, mit diesen Jüngern, des gemeinsamen Predigens zum Volke. Und dann folgen die Leidensverkündigungen Jesu; das sind immer drei, das ist ja auch eine heilige Zahl, die Drei. Die zweite von ihnen, die will ich Ihnen lesen. In Markus 9,31-32 sagt Jesus zu den Jüngern: „Des Menschen Sohn wird überantwortet werden in der Menschen Hände. Und sie werden ihn töten. Und wenn er getötet ist, wird er am dritten Tage auferstehen. Sie aber verstanden das Wort nicht."[4] Das ist sehr

---

4 Markus 9,31-32: Des menschen sohn wird ueberantwortet werden in der menschen haende, und sie werden ihn toedten; und wenn er getoedtet ist, so wird er am dritten tage auferstehen. Sie aber vernahmen das wort nicht […].

wichtig, dass das dabei steht, und es gehört dazu: Sie verstanden das Wort **nicht**, d. h. sie haben nicht etwa nur nicht verstanden, was Auferstehung heißen soll, sondern sie haben das Ganze nicht verstanden. Das Wort, das ist dieser Satz, den Jesus gesagt hat. „Er wird überantwortet werden in der Menschen Hände." Das müssen wir so nehmen, als Abstraktum: Ich werde an die **Menschen** überantwortet. „Und sie werden ihn töten" – er sieht sich selbst als Menschen an, als der Sohn der Menschen. Das wäre natürlich auch der Erklärung bedürftig. „Des Menschen Sohn wird überantwortet werden in der Menschen Hände" – so wie auch Johannes überantwortet wurde – „und sie werden ihn töten. Und wenn er getötet ist, wird er am dritten Tage auferstehen. Und sie verstanden das Wort nicht." Der dritte Tag, das ist wieder solch eine besondere mystische Ausdrucksweise; wir können weiter gar nichts dazu sagen, sondern wir reden hier nur davon, dass eben das Ganze, genau wie die Verkündigung selber, **nicht verstanden** worden ist. Sie bekamen aber einen Schrecken. Als Jesus den Lazarus auferweckt hat, standen sie dabei und staunten. Das war etwas ganz Anderes: Das ist das Profane. Aber hier, wo er von sich selber redet, da sieht die Sache ganz anders aus. Das kann damit überhaupt nicht verglichen werden. Ich bin natürlich der Meinung, dass diese Wundergeschichten eben auch mehr oder weniger Einbildung sind. Aber das ist unerheblich, weil es sowieso nur die Menschen betroffen hat. Im Fall Jesu ist es anders. Weil sie es nämlich nicht verstehen, und in diesem Nichtverstandensein ist er Mensch.

Und dann kommen wir, über den Sinn können wir dann noch weiter reden, zur Verfolgung Jesu und zu seinem Tod. Der Tod Jesu. Dieser Jesus, den man also nur durch seine Verkündigung verstanden hat, der wird von den Jüngern nun erlebt als der, der in der Zeit, in der Zeit wie wir alle, weggenommen ist, wie alle Sündigen: „Zu Erde sollst Du wieder werden." Das ist das, was sie erlebt haben: diese gänzliche Haltlosigkeit der Zeit, die selbst diesen, der in der Verkündigung von uns erfahren ist, nicht verschont hat. Das ist die Zeit; und das andere ist, dass von nun an Jesus für sie in der Erinnerung da ist, in der Vergangenheit. Erinnerung bedeutet, dass man den, der verschwunden ist, bleibend hat, und dass das eben von der Zeit nicht betroffen ist. Dass man also sagt, wenn einer ist im **War**, also er **war**, das ist etwas anderes als jetzt. Das Jetzt, das geht in der Tat diesem Zugrundegehen zu. Aber das **War**, das wir, die leben, die überleben, vom Tode des anderen nach seinem Tod haben von ihm, der er war bis zu seinem Tode, das ist das, was ein Bleibendes ist. Und dadurch ergibt sich jetzt etwas ganz Neues, was im Judentum eben nicht war, nämlich das Sichverstehen der Juden in der christlichen Gemeinde oder als christliche Gemeinde: Sie verstehen sich als

Juden; aber als diese Gemeinde Jesu. Dann will ich Ihnen einmal lesen, wie diese Gemeinde sich selbst gefühlt hat. Da gibt es die sog. Apostelgeschichte, in der von den Aposteln geredet wird – von den zwölf Jüngern, dann auch von Paulus. Am Anfang der Apostelgeschichte steht der Bericht über die ersten Wochen des Alleinseins der Jünger, nach dem Tod Jesu. Apostelgeschichte 2, 38: Petrus spricht zu den Leuten, die sich da versammelt hatten: „Tut Buße und lasse sich ein jeder taufen auf den Namen Jesu Christi, so werdet ihr empfangen die Gabe des Heiligen Geistes."[5] Und einige Verse weiter in demselben Kapitel wird berichtet, dass sich die Menge noch vergrößert hat, und es wird dann von dieser ganzen neuen Gemeinde geredet. Petrus war schon, mitsamt den anderen Jüngern, vom Geiste erfüllt (Das ist die Erzählung, wo Flammen auf ihrem Haupte erschienen sein sollen usw.). Jedenfalls senkt sich der Geist in das Gemüt dieser Männer ein. Das gehört [zu der Weise] dazu, wie sie sich nach dem Tode Jesu als seine Gemeinde verstehen. Und ich wiederhole: Was wir machen ist natürlich immer Einbildungskraft; man muss irgendetwas sagen. Aber niemals wird hier operiert mit Wundern oder ähnlichen Geschichten. Das kommt überhaupt nicht in Frage; sondern die Leute hatten ein Verständnis nach seinem Tode, in dieser Erinnerung, wodurch sie sich nun in diesem Geiste erfahren haben, auf Grund dessen, dass sie in einer neuen Weise gesprochen haben. Und nun wird von dieser Gemeinde, die diesen Geist hat, in der Apostelgeschichte Folgendes gesagt: „Ihre Güter und Habe verkauften sie und teilten sie aus unter alle, nach dem jedermann not war …" – die bedürftig waren. „Und sie waren täglich beisammen im Tempel und brachen das Brot hin und her in den Häusern, nahmen die Speise und lobten Gott mit Freuden und mit einfältigem Herzen und hatten Gnade bei dem ganzen Volke."[6] Das war also die Gemeinde, die war beliebt; die anderen Juden haben das natürlich mit Staunen gesehen, aber nach der Darstellung, wie sie hier ist, und die wird stimmen, war die allgemeine Meinung: „Ah, das ist doch eine neue Sekte, die

---

5 Apostelgeschichte 2,38: Thut buße und lasse sich ein jeglicher taufen auf den namen JEsu CHristi, zur vergebung der suenden; so werdet ihr empfangen die gabe des heiligen Geistes.

6 Apostelgeschichte 2,45: Ihre gueter und habe verkauften sie, und theilten sie aus unter alle, nachdem jedermann noth war. 46. Und sie waren taeglich und stes bey einander einmuethig im Tempel, und brachen das brodt hin und her in haeusern, 47. Nahmen die speise, und lobten GOtt mit freude und einfaeltigem herzen, und hatten gnade bey dem ganzen volk. […]

außerordentlich sympathisch wirkt." Das also sind die Judenchristen in der von Petrus und den Jüngern gegründeten Lebensweise.

Damit kann ich das soweit auf sich beruhen lassen und komme jetzt auf den Kain zurück. Das war eben der, der den Bruder erschlagen hat, und der von Gott ausdrücklich **als Individuum** verflucht wird. Das andere[7] war nur die allgemeine Verfluchung des Lebens auf Erden: Der Acker soll dir nichts tragen usw. Und auch der Tod natürlich. Aber dieser Kain, der wird speziell verflucht: „Verflucht seist du auf der Erde"[8], lassen die Schriftgelehrten, die das niedergeschrieben haben, den Herrn sagen. „Verflucht seist Du auf der Erde." Und Kain sagt dann: „Meine Sünde ist größer, denn daß sie mir vergeben werden möge"[9], „und [ich] muss mich vor Deinem Angesicht verbergen, und muß unstät und flüchtig sein auf Erden."[10] Und dann fügt er an, jeder, der ihn treffen wird, wird ihn erschlagen. Und darauf machte der Herr „ein Zeichen an Kain, daß ihn niemand erschlüge, wer ihn fände."[11] Also auch dieser Brudermörder – der den Bruder deswegen ermordet hat, weil es um das Opfer an Gott ging und er sich nicht als der am meisten von Gott Geliebte gefühlt hat – dieser Brudermörder wird vom Herrn am Leben erhalten. Damit Sie mich richtig verstehen: Ich nehme das alles natürlich ernst, aber ich muss sagen, das alles ist Einbildungskraft. Wenn es nur Erzählungen wunderbarer Art wären, würde das alles keinen positiven Eindruck machen. Es hätte keinen Zweck zu sagen, wir stellen uns das alles sinnenhaft vor und gehen davon aus, dass die Schriftgelehrten das so geschaut hätten. Wenn ich es milde ausdrücken will, kann ich sagen, sie waren inspiriert. Muss ich aber nicht, denn es ist kein philosophischer Ausdruck zu sagen, sie sind inspiriert, von oben erleuchtet. Der Herr machte also ein Zeichen an Kain, „dass ihn niemand erschlüge, wer ihn fände". Er soll auch leben, so wie die anderen, die dann sozusagen die Nachfahren Abels sind, (der hatte ja vermutlich keine Kinder) die dann diese Gemeinde gebildet haben. Kain bleibt also auch am Leben.

Von diesem plötzlichen Wutanfall des Kain gehen wir aus – „da ergrimmte Kain", heißt es in der Übersetzung, und erschlägt den Bruder, was dazu führt, dass ihn Gott verflucht – und kommen auf das Kapitel 8 der Apostelgeschichte: Stephanus, einer derjenigen, die in der noch kleinen Gemeinde der Judenchristen zur führenden Schicht gehören, hat eine lange Predigt gehalten,

---

7 Gemeint ist der Fluch Gottes in der Genesis 2.
8 1. Mose 4,11.
9 1. Mose 4,13.
10 1. Mose 4,12.
11 1. Mose 4,15.

in der er das Alte Testament auf Jesus hin auslegte. (Was man damals die Bibel nannte, das nennen wir Altes Testament; für die Juden ist das die Bibel, und wir sind eben das Evangelium, das Neue Testament.) Stephanus hat also die Bibel ausgelegt, auf Jesus hin. Und da ergrimmte das Volk, aufgehetzt von den Priestern, und sie haben diesen Stephanus gesteinigt. Dann berichtet die Apostelgeschichte 8,1: „Saulus" – auf den wir jetzt zu sprechen kommen, Paulus – „aber hatte Wohlgefallen an seinem Tode." Der stand dabei, hatte irgendeine kleine Funktion dort und erquickte sich an dieser Situation! Das müssen Sie sich einmal vorstellen: Das Ganze ist ja etwas, das immer unter diesem Unverstandensein steht. Die Juden waren von Hass gegen Jesus erfüllt, eben weil er auf diese Weise gesprochen hat, dass man es gar nicht verstehen konnte, ihn aber aus diesem Unverstandensein als Mensch erfahren hat. Dies war also nun der Hass dieser Leute, die sich als die Vertreter Gottes auf Erden angesehen haben, gegen den Menschen, der Jesus auf der Erde gewesen ist. Und deswegen, weil Stephanus diese Predigt gehalten hat, in der er das Alte Testament auf Jesus hin auslegt, haben sie ihn als denjenigen angesehen, der vernichtet werden muss. Gerade so, wie Kain den Abel nicht ertragen hat. Und unter ihnen war auch Saulus, der zum Schriftgelehrten ausgebildet war. Er war wohl Levit, eine untergeordnete Charge, aber im priesterlichen Dienst. Dieser Saulus war dabei, und hatte Wohlgefallen daran. Sie wissen, es erfolgt anschließend seine Bekehrung, indem der Herr ihm vom Himmel erschienen ist, darauf können wir hier nicht näher eingehen. Aber er hatte eben auch das, was man Visionen nennt, wenn man es profan ausdrückt, jedenfalls nicht philosophisch. Philosophisch sagt man gar nichts, sondern nimmt die Sache zur Kenntnis, ohne Hauptwörter, die die Sache schon wieder erläutern sollen. Was heißt das denn, ich habe eine Vision? Nichts heißt das; man kann höchstens sagen, das ist nicht wirklich vorgekommen. Präzise lässt sich das doch gar nicht angeben. Also Saulus hatte eine solche Erfahrung, und die verlese ich Ihnen jetzt; und zwar sagt er im 2. Brief an die Korinther: „Ich kenne einen Menschen in Christo" – er redet also von sich selbst – „vor 14 Jahren" – dann kommt eine Klammer – (ist er im Leibe gewesen, so weiß ich's nicht, oder ist er außer dem Leibe gewesen, so weiß ich's auch nicht), also „vor 14 Jahren, ward derselbe entzückt bis in den dritten Himmel. Und ich kenne denselben Menschen [...], der ward entzückt in das Paradies und hörte unaussprechliche Worte, welche kein Mensch sagen kann."[12] Jetzt sehen wir das also lediglich

---

12 1. Korinther 12,2-4: ²Ich kenne einen menschen in Christo; vor vierzehn Jahren (ist er in dem leibe gewesen, so weiß ich es nicht; oder ist er außer dem leibe gewesen, so

philosophisch an. Paulus spricht davon, dass er unaussprechliche Worte gehört hat. Wenn ich davon spreche, weiß ich nicht, was ich sage. Das Wort ist das, was er gehört hat. Er hörte Worte, wollen wir das auch einmal gelten lassen, Bedeutung oder irgendwas. Von dem sagt er, es ist unaussprechlich. Wenn ich jetzt sage: Ich habe das Unaussprechliche gehört, dann habe ich es auf die Weise des Sprechens angegeben. Im Grunde können Sie von einer solchen Sache gar nichts sagen. Sie können auch nicht sagen: Er war im Schweigen, in der Stille, wie die sogenannten Mystiker. Alles im Grunde genommen Positivisten, die sich ansahen als auserwählt usw. Das stimmt aber nicht. Sondern die Sache ist so: Wenn ich nun sage, wie er gesagt hat, das **Unaussprechliche**, dann bin ich in einer Dimension, wo ich in einer Weise rede, die mit dem, was ich eigentlich meine, gar nicht verbunden ist, denn er **spricht**. Nun sagt Paulus auf die Weise, dass er spricht, er habe auch Worte gehört; dann muss man auch dieses, dass er Worte gehört hat, so nehmen, dass man darüber gar nichts sagen kann: denn es ist unaussprechlich. Ich kann das Unaussprechliche nicht auf die Weise des Sprechens oder der Rede angeben. Es ist **un**aussprechlich; d. h., ich muss mit meinem Reden aufhören. Paulus hat aber geredet, das ist der Haken an der Geschichte. Dieser Mann also spricht in dieser Weise, die wir in irgendeiner Weise festzuhalten suchen müssen – Ich kann mir auch noch den Spaß machen, dass ich es auf Latein ausdrücke: das Ineffabile, das Nichtausdrückbare, aber das ergibt keinen Sinn, es kann darüber nicht geredet werden. Die Leute waren in einem Zustand, der sich der Rede entzieht. Ich kann zwar sagen, ich habe einen solchen Zustand gehabt, aber über den Zustand selber kann ich nichts sagen. In diesem Zustand lebt Paulus also. Und dann wird folgendes gesagt, auch in den Briefen – jetzt bin ich beim Römerbrief, das ist der bedeutendste, mit dem sich viele Theologen, evangelisch und katholisch, beschäftigt haben – Kap. 6, 3-4: „...alle, die wir in Jesus Christus getauft sind, die sind in seinen Tod getauft. So sind wir ja mit ihm begraben durch die Taufe in den Tod..."[13] Etwas später

weiß ich es auch nicht; GOtt weiß es;) derselbige ward entzückt bis in den dritten himmel. [3] Und ich kenne denselbigen menschen, (ob er in dem leibe, oder außer dem leibe gewesen ist, weiß ich nicht; GOtt weiß es.) [4] Er ward entzückt in das paradies und hörete unaussprechliche worte, welche kein mensch sagen kan.

13 Römer 6,3-4: **Wisset ihr nicht, daß alle, die wir in JEsum Christ getaufet sind, die sind in seinen tod getauft? So sind wir je mit ihm begraben durch die taufe in den tod, auf daß, gleichwie Christus ist auferwecket von den todten durch die herrlichkeit des Vaters, also sollen auch Wir in einem neuen leben wandeln.**

heißt es dann: „…wer gestorben ist, der ist gerechtfertigt von der Sünde."[14] Sie haben also diesen Mann, der das Unaussprechliche erfahren hat, das Ineffabile und der nun weiterredet. Und der sagt, ich bin durch die Taufe mit Jesus begraben in den Tod. (Deswegen habe ich oben das von der Taufe zitiert.) Der Prophet Johannes und auch Jesus selbst haben niemals von einer Taufe in den Tod geredet. Die Jünger, die mit dem Herrn zusammen waren bis an seinen Tod, die haben nachher, in der Erinnerung an den Herrn, gesprochen; aber nicht davon, dass sie nun in den Tod des Herrn begraben wären. Der Heilige Apostel Paulus ist aber in den Tod Jesu begraben. Und da haben sie jetzt diese Geschichte: Der, der sich gegen Gott stellt – das war Kain –, der ist verflucht, aber doch am Leben erhalten. Der ist verflucht – das ist auch, was dann auf den Kain bezogen ergeben hat, dass er unstät und flüchtig war auf Erden. Unstät und flüchtig auf Erden, von allen verfolgt. Und in dieser Situation befindet sich nun auch Paulus; nämlich insofern er sagt: In dieser Erfahrung, die ich gemacht habe, von der ich vorhin gesprochen habe, von dieser Entzückung, da erfahre ich mich als dem Tode übergeben. Weil ich nämlich zu der Partei gehört habe, die so gehandelt hat wie Kain. Und zwar in Bezug auf Jesus. Ich bin dem Tode übergeben. Aber den, der dem Tode übergeben ist, erhält der Herr gleichwohl am Leben. Und jetzt sehen Sie diese ganze Schwierigkeit, die wir mit dem Heiligen Apostel Paulus haben: Er hatte diese Geschichte da, diese Schau und hat dabei erfahren, was er eigentlich ist. Er sagt, ich bin des Todes. Im Unterschied zu den anderen Jüngern, die nämlich leben und nun in ihrem Leben den toten Herrn verehren, an ihn glauben usw., sagt er: Ich bin durch die Taufe in den Tod begraben, ich bin tot, und habe eine innere Erfahrung des Todes. Also das sagt der Apostel Paulus, im Unterschied zu uns allen, die wir, wie die anderen Jünger – wir gehören zur gewöhnlichen Gemeinde – die Erfahrung vom Tode nur so haben, dass wir das bei einem anderen erleben und selbst munter weiterleben. Das ist beim Apostel Paulus so nicht gewesen, sondern er hatte die innere Erfahrung des Todes und lebte doch. Und wenn er nun wieder gelebt hat, dann hat er auch wieder gesprochen. Und wenn er gesprochen hat, dann war das der Sache nicht angemessen. (So ist das leider. Da sehen Sie die ganze Schwierigkeit, die das menschliche Leben hat: Überall treten Leute auf, die reden und reden und reden, und alle wissen es besser, immer schneller und immer mehr. Alles falsch…) Also das ist jetzt die entscheidende Situation: Er kann nichts sagen. Deswegen, weil er nichts sagen kann, hat er diese Erfahrung eines Seins in Gott. Und darin ver-

14 Römer 6,7.

steht er nun sein verworfenes Leben richtig und ist des Todes. Und das ist er, insofern er sich zugleich als den Begnadeten weiß, und deswegen sagt er denn hier: „Wer gestorben ist, der ist gerechtfertigt von der Sünde." Er sagt, ich erlebe den Tod innerlich. Das ist alles natürlich etwas, das nicht gesagt werden kann. Er drückt es also so aus. Und damit ist die Sünde durch Jesus von mir hinweggenommen. Durch die Bekehrung bezieht er ja alles auf Jesus. Mit Recht; aber alles immer in dieser unbegreiflichen Weise. Er hat diese Entzückung erlebt, aus diesem Glauben an Jesus heraus, und erfährt sich nun im Tode, und indem er sich im Tode erfährt, da ist der Fluch von ihm genommen. Er ist über die Sünde hinausgehoben. Das macht die große Zweideutigkeit beim Apostel Paulus aus, dass er das sagt, dass wir in der Gerechtigkeit sind und andererseits sagt, dass wir doch in der Sünde bleiben. Und das ist ja auch richtig, denn er ist derjenige, der weitergelebt hat; und hat auch weiter im Leben gesprochen, und weiter die Sache angesehen wie die anderen Jünger auch. Nämlich als noch Lebender, der andere sieht, die sterben, aber selbst lebt, und der nun dieses beides in seiner Lehre verbindet. Aber darüber rede ich jetzt nicht weiter, denn dann wird die Sache kompliziert, und dazu bin ich ja nicht berufen. Aber das, was wir jetzt haben, ist das Entscheidende. Das Entscheidende ist das Ineffabile, das Unaussprechliche, das wir doch aussprechen. Und das ist nicht richtig. Wir können es nicht aussprechen. Das heißt, wir sind nicht imstande, durch unsere Sprache von uns selbst wirklich Rechenschaft abzulegen. Was wir machen, ist schon falsch, da ist gar nichts zu wollen. Schweigen, das ist etwas anderes; aber auch nicht, dass ich **sage**: Ich schweige. Das ist genauso schlecht wie alles andere auch. **Ich schweige** – es kommt nichts dabei heraus. Aber auch Stille usw., all diese Worte taugen nichts. (Das hat man in der Geschichte der christlichen Kirche ja erlebt, dass solche Anstrengungen gemacht worden sind. Zweitausend Jahre an Geschichte von Millionen von Menschen, da sehen Sie, was da alles zusammenkommt. Das ganz Oberflächliche ist, wenn einer so tut, als ob immer alles klar wäre.) Jetzt also kommen wir auf den Apostel Paulus; was hat er in dieser Hinsicht von sich selbst gehalten, in dieser Situation? 1. Korinther 4,9: „Ich halte aber, Gott habe uns Apostel" – er nimmt also die anderen Apostel, die Jünger, mit hinein – „für die Allergeringsten dargestellt, als dem Tode übergeben." Dann heißt es weiter: „Bei unserem Ruhm, den ich habe in Christo Jesu, unserm Herrn, ich sterbe täglich." Er rühmt sich also. Das ist jetzt die Übersetzung Luthers, vielleicht kann man es noch ein bisschen schöner übersetzen, aber das tut nicht viel zur Sache. „Bei unserem Ruhm, den ich habe, in unserm Herrn, ich sterbe täglich." „Habe ich", heißt der nächste Satz, „nach menschlicher Meinung zu Ephesus mit wilden Tieren gefochten, was hilft's mir?"[15] Sie sehen, er war ganz im Leben und erinnert sich seiner Kämpfe in Ephesus, von denen übrigens in der Apostelgeschichte nichts steht. Aber, wie dem auch sei, vielleicht war es so. Er erinnert sich also, wie alle anderen Leute, an Taten, die er vollbracht hat, und sagt, das ist mir aber egal, denn ich bin mir dessen bewusst, dass ich in der Offenbarkeit des Todes stehe. Und darauf ergibt sich dann für den Apostel Paulus, was er wiederholt sagt, „Christus hat mich nicht gesandt zu taufen, sondern das Evangelium zu predigen."[16] Oder auch Römer 1,1, also im Römerbrief ganz vorne: „Paulus, ein Knecht Jesu Christi, […] ausgesondert, zu predigen das Evangelium Gottes." In dieser Situation nun, wo das Unaussprechliche ist, da muss er also reden, und er redet aus diesem Gestorbensein heraus zur Gemeinde der Gläubigen. Die Sache ist ja so: Sie haben die Verkündigung Christi, diese Verkündigung erlebt – das ist, glaube ich, anzuerkennen –, den Anspruch – eben deswegen, weil sie nicht verstanden wird –, alle Menschen ohne Unterschied gleichermaßen zu betreffen. D. h. also, dass sowohl die, die vor Jesus waren, als auch alle jetzt, z. B. die Vertreter des Buddhismus, dass sie genauso in dieser Situation der Verkündigung Jesu stehen. Aber speziell stehen die darin, die das selbst unmittelbar erlebt haben. Da haben wir eben dieses Innestehen in der gläubigen Gemeinde derer, die leben, und die sich auf den gestorbenen Jesus hin verpflichtet fühlen. Und zu dieser Gemeinde gehört der Apostel Paulus **auch**. Aber auf die Weise, wie er es hier gesagt hat: Ich bin gestorben und bin auf die Weise der Predigt für die Gemeinde da. Er sagt im 2. Brief an die Korinther: „Darum ist nun der Tod mächtig in uns". Er verwendet gern den pluralis majesticatus, wenn er von sich redet. „Darum ist nun der Tod mächtig in uns" – in ihm – „aber das Leben in euch." Also zu all diesen heidnischen Menschen, deren Länder er bereist hat, um das ganze Mittelmeer herum predigt er, und er sagt, in ihm sei der Tod lebendig, „aber das Leben in euch", weil durch **seine** Predigt die Rechtfertigung in ihrem Leben über sie kommt. Und nun müssen Sie bedenken, das hat natürlich auf die Leute Eindruck gemacht. Paulus ist dann im ganzen Mittelmeerraum herumgereist in dieser Weise, als der, der im Tode steht, und aus dem Tode heraus, **für Euch**, das Leben verkündet – das gerechte. Und vielleicht dazu noch eine Stelle: „Darum ist nun

15 1. Korinther 15,31-32: [31]Bey unserm ruhm, den ich habe in CHristo JEsu, unserm HErrn, ich sterbe taeglich. [32]Habe ich menschlicher meinung zu Epheso mit den wilden thieren gefochten, was hilft mirs, […]?
16 1. Korinter 1,17: Denn CHristus hat mich nicht gesandt zu taufen, sondern das evangelium zu predigen, [nicht mit klugen worten, auf daß nicht das kreuz Christi zu nichte werde].

der Tod mächtig in uns, das Leben in Euch. Dieweil wir aber denselbigen
Geist des Glaubens haben, so glauben wir auch, darum, so reden wir auch."[17]
– „Denn wir predigen nicht uns selbst, sondern Jesum Christ, daß er sei der
Herr, wir aber Eure Knechte, um Jesu willen."[18] Wenn Sie einen richtig pau-
linischen Pfarrer haben, dann müssen Sie jetzt also den Eindruck haben, dass
er sich als Ihr Knecht ansieht, der aus dem Geist des Apostels Paulus predigt.
Wir sind tot und predigen zu euch, um Christi willen, das Leben. Das war
also die Mission des Apostels Paulus. Und damit bin ich, glaube ich, jetzt mit
dem ersten Teil fertig. Also ich sage: In dieser Situation sehen Sie die Schwierigkeit, in der die christliche Gemeinde war. Und nun war das Ganze, das die
Verkündigung hat, zunächst verteilt an diese Judenchristen und an diejenigen,
die durch den Apostel Paulus, aus dem Tode heraus, in dem er lebte, missio-
niert worden waren. Das waren im Wesentlichen die Heiden, aber auch die
Juden. Der Apostel Paulus war bei den Juden, aber da auch verfolgt, man
wollte ihn nicht haben, wohingegen die Judenchristen offenbar doch eine
ganz positiv empfundene spezielle Ausrichtung des Judentums darstellten.
Das alles kommt nun also zusammen; d. h. also, wer nun so wie die Apostel,
die in der Gemeinde lebten (Petrus usw.) diesen Glauben hatte, für den war
eben auch diese Erleuchtung durch das Ineffabile etwas, was man gar nicht
aussprechen kann, etwas, was der Geist dieser Verkündigung Jesu Christi eigentlich ist. Sodass es dann darauf ankommt – das wäre die eigentliche philosophische Bemühung bei dieser Geschichte – dieses Ganze von dem, der einerseits im Leben steht (das wäre ja beim Apostel Paulus auch, insofern er vom
Tode nur dadurch Bekanntschaft hatte, dass eben **andere** Menschen, wie auch
sonst in der Welt, sterben), und der zugleich das Bewusstsein hat, ich bin der
Verworfene, aber zugleich der Gerechte und stehe in diesem Unaussprechlichen, so zu verstehen, dass das alles nur eines ausmachen soll, und das ergibt
die christliche Philosophie. Das haben wir hier **Meditation** genannt, und das
ist also das, was ich hier mache, was ich hier vorbringen will. Das ist die eigentliche Situation. Das Gesamte des Christentums kombiniert sich aus dem
durch die Apostel begründeten Judenchristentum und der Missionierung
durch den Hl. Apostel Paulus, der gesagt hat, ich sterbe täglich, und ich bin
im Tode, für Euch, auf die Weise der Predigt.

17 2. Korinther 4,12-13: Darum so ist nun der tod mächtig in uns, aber das leben in
    euch. Dieweil wir aber denselbigen geist des glaubens haben (nachdem geschrieben
    stehet: Ich glaube, darum rede ich,) so glauben Wir auch, darum so reden wir auch.
18 2. Korinther 4,5.

Jetzt gehe ich über zum Heiligen Anselm. Der Hl. Anselm gehörte natürlich zur christlichen Gemeinde, d. h. zu denen, die die Sache so angesehen haben wie die Jünger. Nämlich „Wir sind da, wir glauben an den Herrn, der von den Juden, oder wie immer, zu Tode gebracht wurde, der aber für uns – mit seiner Verkündigung – das Reich Gottes verkündigt hat, in dem wir stehen". Denn es heißt: „Das Reich Gottes ist herbeigekommen."[19] So heißt es: es **ist** herbeigekommen. Es heißt nicht: Es wird herbeikommen. (Deswegen ist das Markusevangelium auch besser als die anderen, die es besser machen wollten, aber die Sache verschlechtert haben.) In dieser Situation soll nun das passieren, dass man von diesem Ineffabile, dem Entrücktsein, von dem man gar nichts sagen kann, wenn man aber doch etwas sagen will, sagt: Ja, doch, es ist da irgendwie eine Bedeutung, es sind Worte, die wir hören. Es wird damit eine Bedeutung in dieses Leben in der Gemeinde hineingetragen. Und dadurch ist der Hl. Anselm zu der Meinung gekommen, der Glaube muss sich ausdrücken auf die Weise eines absolut gültigen Wissens. D. h. wenn Sie es modern ausdrücken wollen – aber das ist dann auch schon wieder nicht mehr ganz genau, und schlecht: auf die Weise der reinen Vernunft. All diese modernen Wörter sind noch viel schlechter als die, die früher verwendet wurden. Kant redete natürlich dauernd von der reinen Vernunft, aber eigentlich gar nicht. Wenn er dann von der reinen Vernunft redete, tat er dies auf die Weise des Verstandes. Da hat er viel Schönes gesagt. Über die Vernunft, da sagt er nichts. Was die Vernunft angeht, sagt er, dass sie sich beim Handeln zeigt. Das habe ich zuletzt im vorigen Jahr[20] gesagt: Wir, als die bösen Menschen, gehören nach ihm zur unsichtbaren, allgemeinen Kirche. Zur **unsichtbaren**, allgemeinen Kirche: das ist das, wovon hier die Rede ist. Die sollen wir realisieren auf die Weise der **sichtbaren** allgemeinen Kirche. D. h. die Bosheit so gelebt, dass ich mich als Mitglied der unsichtbaren Kirche weiß, das ist für mich dieses, wenn Sie so wollen, Verpflichtetsein, das Bedürfnis, in der sichtbaren Kirche auf Erden auf die Weise der unsichtbaren Kirche zu leben. Das ist eine viel spätere Entwicklung, daran hat der Hl. Anselm noch gar nicht gedacht, denn da fällt dieses ganze Behaupten weg. Aber wenn Kant von der Vernunft redet, hat er auch munter behauptet, und das bringt nichts. (Gerade das ist aber das, was gerühmt wird.) Also, zum Hl. Anselm: Er wollte nun mit dem Glauben die reine Einsicht verbinden, die

---

19 Markus 1,15.
20 „Die unsichtbare Kirche nach Kant", Akademievortrag gehalten am 28. Januar 2010 im Erbacher Hof, s. S. 55–77.

nicht mehr in Behauptungen gefasst werden kann, in Behauptungen der ausgesagten Rede, die irgendetwas Bestimmtes behauptet, wie z. B. „ich habe gehört", „ich habe Stimmen gehört" usw. Das ist alles unverstanden und soll da nun ausgedrückt werden. Und vom Hl. Anselm wird es nun also in dieser Weise ausgedrückt: „Ich suche nicht einzusehen und zu erkennen, damit ich dadurch zum Glauben komme, sondern ich glaube, damit ich auch solche Einsicht und Erkenntnis habe."[21] Das ist ein berühmter Satz: *credo ut intelligam*, „ich glaube, damit ich diese Einsicht habe". Und das soll eine **reine** Einsicht sein; das ist das, was man in der späteren Zeit Vernunft genannt hat, **reine** Vernunft. **Ich will durch den Glauben zur Einsicht in reiner Vernunft gelangen.** Das nannte man später den apriorischen oder reinen Gottesbeweis. Das hat er noch öfter gesagt. „Und ich glaube auch dieses: wenn ich nicht schon geglaubt hätte, dann würde ich auch nicht zur Erkenntnis kommen."[22] Und dann bringt er da nur einen einzigen Satz, und der lautet so „Was glauben wir denn? Nun, wir glauben, dass Du das bist, worüber hinaus nichts Größeres gedacht werden kann oder wo Größeres nicht mehr gedacht werden kann."[23]: „Wir glauben" – der Hl. Anselm steht ja im Glauben – „Du bist das, für den das Denken von Größersein, von noch Größerem, nicht gilt." Es soll da also etwas Absolutes gedacht werden, dem man mit dem Denken von irgendwelchen Größen – das ganz Große, das unermesslich Große, das Größte der Großen (das ist das, was man so redet, und das ist alles falsch) – dem man auf diese Weise nicht mehr beikommt. Es soll nämlich dazu kommen, dass man dieses hat, was wir hier die ganze Zeit besprochen haben: das Ineffabile, das Unaussprechliche, von dem man nicht sagen kann, es ist unaussprechlich, sondern das ein Geschehen, ein Sichereignen ist, wo nichts zu sagen ist. Das soll sein, und das löst Anselm auf die Weise, dass er sagt: Das, wo man gar nichts Größeres mehr denken kann, das, was über alles bestimmte, sachhaltige Angeben hinausgehoben ist, das ist das, worüber man sich rein negativ ausdrückt; von dem man sagt, Du bist der, in Bezug auf den das Denken Größeres nicht denkt, nicht denken kann, oder für den dieses Denken nicht gilt. **Non valet**, nicht mehr in Gültigkeit ist,

---

21 Anselm von Canterbury: *Proslogion/Anrede*. Übersetzung, Anmerkungen und Nachwort von Robert Theis. Stuttgart: Reclam 2005, S.20: „Neque enim quaero intelligere ut credam, sed credo ut intelligam." Die deutschen Übersetzungen im Vortrag stammen von Joachim Kopper.

22 „Nam et hoc credo: quia ‚nisi credidero, non intelligam'." Ibid.

23 „Et quidem credimus te esse aliquid quo nihil maius cogitari possit." Anselm, Proslogion, op. cit., S. 20 f.

nicht angewendet werden kann. Du bist das, für das dieses Denken, das wir sonst haben, nicht mehr möglich ist und nicht gilt. Diese Formel ist rein negativ: „Das, worüber hinaus das Größere nicht gedacht werden kann, das bist Du". Es wird auf die Weise der Negation angegeben, die Negation ist aber auch eine Behauptung, das ist ganz klar. Und das war eben das Unbefriedigende an dieser Position des Hl. Anselm, dass er nur negativ angegeben hat: „Du bist der, von dem unser Denkenkönnen von immer noch Größerem nicht gilt." Und mit dem bloßen **Nicht** kann man nichts angeben. Nun zeigt sich also die Größe dieses Heiligen daran, dass er einen Mönch, der dieses bemängelt hat, sozusagen gefördert und das mit seiner eigenen Lehre verbunden hat. So kam er zu dem Ergebnis, dass man das, was er selbst gesagt hat, und das, was der Mönch kritisch angemerkt hat, zusammen veröffentlichen soll, worauf er noch einmal eine Antwort gibt, so dass man dann drei Teile hat.

Jetzt komme ich also zu Teil zwei. Der genannte Mönch heißt Gaunilo. Er sagt, wenn ich mich auf diese Weise ausdrücke – Du bist der, den man so, wie Großes gedacht werden kann, nicht denken kann – wenn das also der Gottesbeweis sein soll, dann muss ich zugeben, dass ich es **gar nicht denken** kann. Das ist gar nicht so schlecht, weil das Ineffabile ja auch nicht ausgesprochen werden kann. Durch die bloße Negation kann man nicht mehr Größersein denken, wenn man Gott denkt, denn der ist darüber erhaben. Da kann man's gar nicht denken, sagt Gaunilo, denn die Sache sei so, dass man mit diesem Gedanken eher eine Nähe zum Falschen habe – man meint, etwas gesagt zu haben, und stellt nachher fest, dass man doch nichts weiß – als zum Wahren. Er hat dem Hl. Anselm also ganz schön einen Konterpart geboten, und der hat es anerkannt. Das ist die Größe dieses Mannes, Gaunilos Einwände zusammen mit dem eigenen Traktat zu veröffentlichen, damit man das sehen kann. Denn es ist doch klar, wenn ich das sage, „Du bist das, wo Größeres nicht mehr gedacht werden kann", dann habe ich mich negativ ausgedrückt, etwas behauptet, und kein Mensch weiß, was eigentlich. Und das hat Gaunilo gesagt. Man weiß nicht, was das eigentlich sein soll, und auf diese Weise kommt man also nicht zu einem Beweis, zu einer **Erkenntnis** des Wissens Gottes. Gaunilo meinte dann, wir haben die Erkenntnis im Grunde durch die Erfahrung. So etwas meinte Kant dann auch. Bei ihm nennt sich das: Gewisssein. Dass nämlich etwas da ist, und dass man dann sagen kann, das ist das Gewisse; dann kann ich mir immer noch denken, ich bin mir meines eigenen Daseins jetzt gewiss, und kann trotzdem sagen, denkend, ich kann auch nicht sein. Irgendwann, nämlich in der Zeit, wird der Zeitpunkt kommen, dass ich nicht bin. Und es war ein Zeitpunkt, wo ich nicht war.

Aber davon ist das Gewisssein zu unterscheiden. Und dieses Gewisssein, das haben wir in Bezug auf Gott, und zwar aus dem Glauben, weil der Glauben nämlich dieses Unbegreifliche ist, in dem wir stehen, und das auf die Weise der Existenz Jesu in der Welt offenbar geworden war. Und nun kann ich also sagen, dass ich im Glauben stehe, auf eine Weise, die die reine Vernunft gerade *nicht* anwendet. Darüber könnte man ewig reden, denn darüber haben sich die Leute gestritten: Können wir überhaupt mit der reinen Vernunft etwas machen, kann man nichts machen? Und hier also haben wir das zusammengesetzt. Er hat gemeint, die reine Vernunft anbringen zu können. Das Wissen, rein durch Denken, das ist bei ihm dieses Negative, aber behauptet; und das ist der Haken, denn es soll unaussprechbar sein. Dann haben wir noch den Glauben, aber den Glauben haben wir aus der Verkündigung Jesu. Und Jesus war selbst in der Welt da, und so haben wir allein im Glauben, im Unterschied zu allem, was der Zeit unterworfen ist, das, was auch in der Zeit gilt, doch als das Unendliche: Das Unverstandene, was immer gilt, in Unbestimmtheit.

Aber auf Gaunilos Kritik (ich schließe jetzt gleich ab) hat der Hl. Anselm geantwortet. Denn er hat eingesehen, dass der Mann recht hat. Jeder Vernünftige, der nicht allzu viel nachgedacht hat, muss dem Gaunilo rechtgeben. Denn wenn ich sage, *das* können wir nicht mehr denken, dann kann man sagen: Denkt man überhaupt noch was? Und das ist das, was Anselm ihm zugebilligt hat, indem er sagt: Es ist nicht so, dass du mich richtig verstanden hast, denn ich will beim Denken bleiben, aber dieses Unbegreifliche, das die Gegenwart und das Reich Gottes wäre, dieses selbst in die Welt hineintragen; ich will es, nicht nur, wie Jesus, der da war, auf die Weise der Welt als Gegebensein in Erfahrung feststellen, sondern ich will aus diesem Unbegreiflichen heraus die Welt verstehen. Und dann sage ich: Alles, was ich in der Welt habe, findet für mich normalerweise dadurch statt, dass ich darüber spreche, dass ich darüber etwas sage, und in diesem Aussagen etwas behaupte, Gegebenes habe, daseiendes Wissen von diesem Gegebenen. Und das muss ich sagen: Wenn ich nun das Unangebbare, das Unaussprechliche in das hineinbringe, und das wieder behauptend ausdrücken will, dann wäre das das, dass ich es gerade nicht sagen kann. Dass ich *das* gerade nicht sagen kann, wenn es behauptend ausgedrückt wird. Dass das, was hier gegeben ist, als **ist**, als Seiendes und dergleichen mehr, was man finden kann an Ausdrücken, dass das alles wäre, sondern dass man sagen muss, das alles ist etwas, das gar nicht in dieser Weise ausgesagt werden kann. Oder dass man, wenn man nun schon etwas sagen will, eben behauptend sagt, das ist Nichtsein. Und daraus ergibt sich dann, dass ich von dem, was ich im Raume und in der Zeit habe, nicht weiß, was es ist. Ich kann nicht sagen, dass es ist und was es ist; und das ergibt sich dadurch, dass ich es als in der Ausdehnung des Raumes und der Zeit gegeben denken muss. Die Ausdehnung im Raum und in der Zeit wiederum kann ich nur als etwas denken, das abläuft, innerhalb von Anfang und Ende. Und darin würde die Behauptung liegen. Denn wenn ich mich jetzt frage, was der Anfang sein soll, oder was die ständige Veränderung sein soll, und was dann das Ende – der Veränderung – sein soll –, dann stelle ich fest: ich weiß es nicht. (Und da sehen Sie den großen Haken für die moderne Vernunftwissenschaft, dass das alle überspielt haben – die wissen alle, was der Anfang der Welt ist.) Aber der Hl. Anselm, gefördert durch den Gaunilo, sagt: Wir wissen nicht, was der Anfang ist. Und wenn ich jetzt sage, wir machen das immer kleiner und kleiner und kleiner, ändert sich daran überhaupt nichts, d. h. wir wissen den Anfang **nicht**. Und machen wir alles größer und größer und größer: zum Grenzenlosen komme ich **nicht**, und ich komme auch nicht ans Ende, denn da kann ich dann wieder sagen: Wo ist denn eigentlich das Ende, wo kommt es denn eigentlich? Und auf diese Weise ist das, was der Hl. Anselm im dritten Teil vorgebracht hat, dieses **Nicht**, das, worüber nichts Größeres gedacht werden kann. Negiert werden muss alles behauptende Denken, das gibt sich auf die Weise der Welt selber an, in dem Geschehen in Raum und Zeit, das wir nicht begreifen **können**. Das haben wir da. Und deswegen zeigt sich der Glaube auf diese Weise: zu verstehen, dass die Welt kein Sein hat, kein behauptetes [Sein]. D. h., wenn man es behaupten will, gilt es eben in der Rede, aber nicht so, dass es das Sein in Gott ausdrückt. Und das ist also richtig, nicht wahr, wenn Sie nun dieses Behauptete verfolgen, finden Sie diesen Begriff von Anfang und Ende nicht; soweit ich weiß, in meinem hohen Alter, ist es nicht so, dass es so viele gibt, die das wüssten – dass man nicht weiß, was Anfang und Ende sein sollen. Das sind Wörter, behauptete Wörter, die man sehr sinnvoll verwenden kann, aber man darf nicht fragen, was das eigentlich sei. Denn es ist das Wort, das hier gesprochen wird, im Grunde das Sichvollziehen eines Unaussprechlichen. Und das wiederum muss verstanden werden, nach diesen christlichen Denkern, als das Reich Gottes. Und deswegen zitiert Anselm dann in diesem dritten Teil den Apostel Paulus aus dem Römerbrief und sagt, das, was man von Gott weiß, ist dem Menschen offenbar, denn Gott hat es ihnen offenbart. Er hat es damit offenbart, dass Gottes unsichtbares Wesen, d. i. seine ewige Kraft und Gottheit, ersehen wird, so man das wahrnimmt an den Werken, nämlich an der Schöpfung der Welt. Wir nehmen es wahr auf die Weise unseres Lebens und Verstehens in der Welt. Diese Welt, die wir hier jetzt im Leben und Verstehen haben, sie ist dasjenige, was eigentlich das ist, was das Unaussprechliche ist. Es wird in der Welt selbst offenbar, und das ist das, was der Apostel hier schon gesagt hat: Was man von Gott weiß, ist den Menschen offenbar, Gott hat es ihnen offenbart, nämlich auf die Weise der Schöpfung der Welt.[24] Da hätten wir das Reich Gottes in Unmittelbarkeit ohne Behauptung, d. h. Jesus hatte die Kindlein am liebsten, weil sie nicht unnötig gedacht haben. „Lasset die Kindlein zu mir kommen […], denn solcher ist das Reich Gottes.“ (Mt 19,14) Nicht durch Denken und Behaupten, und zwar wegen der Sprache, die wir mit großer Vorsicht zu behandeln haben, wenn wir nicht von den Dingen reden, die hier vor unseren Augen liegen. Da ist es ganz richtig, dass man etwas behauptet; aber von Sein und Wahrheit redet man da am besten nicht.

Ich danke Ihnen für die Aufmerksamkeit, die Sie mir so freundlich entgegengebracht haben, das hat mich sehr gerührt und bewegt. Also, auf Wiedersehen und vielen Dank.

Moderator: Wir danken für diese Stunde des Nachdenkens, des Unaussprechlichen, das wir nur im Glauben erfahren, und das wir sonst eben nicht annehmen können …

Kopper: Das ist der Sündenfall, die Sprache, die drückt sich dadurch aus, dass die Menschen reden, so, als wenn sie selbst Gott verstünden.

Moderator: Gibt es zu diesen Ausführungen vielleicht noch eine Nachfrage, einen Kommentar?

Frage: Sagt der ontologische Gottesbeweis nicht, dass Gott das Vollkommene ist und zur Vollkommenheit gehört das Sein? Also gibt es ihn. Macht sich Kant nicht darüber lustig?

Kopper: Nein, nein, das stimmt auch nicht. Der Gottesbeweis, auf den Kant sich bezieht, war dann der der späteren Zeit, die standen alle nicht mehr im Glauben. Sie müssen das doch mal ganz klar sehen: Es heißt, **der** hatte **den** Gottesbeweis, **der** hatte **den** – **den** halten wir für den besseren, **der** ist weniger gut, das sind alles Sprüche. Das kommt hier alles nicht in Frage, wo wir beim Unbedingten sind. Und da ist es dann so, dass der Hl. Anselm gesagt hat, Gott wird uns offenbar auf die Weise unseres Lebens in der Welt. Das ist die Antwort, die er aber erst gibt, nachdem er diesen Gaunilo in der Mitte

---

24 Das Zitat aus dem Römerbrief lautet (op. cit. S. 114): „…‚invisibilia' dei ‚a creatura mundi per ea, quae facta sunt, intellecta conspiciuntur,, sempiterna quoque eius virtus et divinitas.'" Übersetzung von Robert Theis: „…die unsichtbaren [Vollkommenheiten] Gottes [werden] vom Geschöpf in der Welt durch das, was geschaffen worden ist, erschlossen […], selbst seine immerwährende Kraft und Göttlichkeit."

hatte. Der hat ihm klargemacht, dass die Negation im Grunde das ausdrückt, dass wir, mit unserem Leben in der Sprache, gebunden sind in diese Welt und nur auf die Weise des Verstehens dieser Welt das Göttliche, das Reich Gottes, sprechend für uns ausführen können. Und dann können wir da behaupten und sagen: **Sein**. Aber Sie handeln nicht sehr gut und nicht sehr denkend, wenn Sie das Wort **Sein** dann auch auf Gott anwenden wollen. Das hat dann keinen Zweck, man muss dann etwas anderes sagen, aber das Beste ist schon, dass man sagt, dass da etwas stattfindet, das oberhalb des Sprechens ist.

Spinoza und Kant

Akademievortrag im Erbacher Hof vom 10. November 2011

Ich schicke einige Worte voraus und sage dabei, wie immer: Für die Philosophie braucht man nicht mehr als die Intelligenz, die zum Abitur nötig ist. Nicht das Abitur, sondern die Intelligenz, die dazu nötig ist. Was man nicht braucht, ist Wissen, d. h. die Philosophie hat als solche nichts mit Wissenschaften im üblichen Sinne zu tun – wie zum Beispiel bei einer Tagung, bei der Wissenschaftler zusammenkommen, die sich mit Sachfragen, für die Material vorliegt, befassen. Bei der Philosophie liegt an und für sich aber nichts vor. Und was da auch nicht ist, das ist Lust und Spaß, denn die Philosophen waren meistens mehr oder weniger nicht so sehr fröhlich und nicht so spaßig. Lust und Spaß, das ist etwas ganz Anderes als das, was Sie jetzt bei mir leider Gottes hören; aber ich hoffe, dass Sie sich dennoch an mich gewöhnen können.

Wir können selbstverständlich am Schluss noch über das, was ich gesagt habe, reden. Ansonsten meine ich wohl, dass ich so ungefähr sechzig Minuten sprechen darf, das ist natürlich sehr wenig für ein solches Thema. Man muss bedenken, dass sich Leute wie Spinoza und Kant ihr ganzes Leben im Grunde stets mit derselben Sache befasst haben. Bei Kant hat man am Anfang die *Kritik der reinen Vernunft* – da war er schon über 50 und hatte schon 20 Jahre lang nachgedacht. Er hat das dann immer wieder korrigiert und ergänzt; die *Kritik der praktischen Vernunft* kam dann in Ergänzung, und das ging so weiter. Und dasselbe ist bei Spinoza auch, er ist aber schon mit 44 Jahren gestorben. Bei ihm waren Lust und Spaß besonders wenig wirksam, er war wohl mehr oder weniger trübselig.

Diese beiden, Spinoza und Kant, jetzt zu behandeln ist natürlich eine besondere Sache. – Kant, das ist ein Name, der geläufiger ist, aber man weiß da auch nichts; über Spinoza weiß man überhaupt nichts. Ich habe in meinem Leben eine ganze Reihe Exemplare seines Werkes, der *Ethik,* zerlesen, genauso wie auch von der *Kritik der reinen Vernunft*. Im Laufe meiner langen Tätigkeit habe ich diese Bändchen reichlich gebraucht und habe dabei feststellen können, dass man bei Spinoza, auf den ich mich insgesamt weniger einlassen konnte, überhaupt nichts begreifen kann; er ist völlig unbegreiflich. Und unbegreiflich ist das, was die Leute über Spinoza sagen, und es ist unbegreiflich, dass sie das sagen, was sie sagen, so dass man gar nicht erkennt, was das eigentlich mit Spinoza zu tun hat! Das ist sehr interessant. Wenn wir jetzt aber den Mann selber durchnehmen – das werden wir dann jetzt exerzieren müssen – dann werden wir sehen, dass das, was er sagt, dunkel ist. Aber ich mache es nach meiner besten Möglichkeit: möglichst langsam, laut und deutlich.

Dann sage ich zu Anfang, dass man bei der Philosophie den eigentlichen philosophischen Impetus, die eigentliche philosophische Grundhaltung, und die Lehre, die dann dabei herauskommt, unterscheiden muss. Sowohl Spinoza als auch Kant haben das Richtige in ihrer Lehre betont. Bei Kant z. B. heißt es vor allem in den *Prolegomena zu einer jeden Metaphysik, die als Wissenschaft wird auftreten können*: ‚Meine Lehre ist die einzig richtige!‘ Das macht Spinoza auch. Man muss also zwischen der eigentlichen philosophischen Grundhaltung und dem, was dann daraus gemacht wird, unterscheiden. Das erschwert die Sache sehr. Denn wenn ich jetzt zu Ihnen von Spinoza rede, und auch von Kant, dann kann ich Sie nicht darauf verpflichten, dass wir hier die einzig richtige Lehre haben, und davon gleich zwei. Fichte und Hegel, nach meiner Meinung waren sie kleinere Denker, haben das auch von sich gesagt. Sie waren sicher sehr bedeutend, denn sie haben diese philosophische Grundhaltung; aber dann kommt das, was man daraus macht: Das ist dann die philosophische **Lehre**. Die philosophische Lehre wiederum besteht normalerweise in Behauptungen. **Behauptungen** sind das Üble. Und warum ist das übel, in der Philosophie, mit den Behauptungen? Weil man von etwas redet, wo gar nichts da ist. Sofern etwas da ist, kann ich von der Sache reden, und je mehr ich davon weiß, desto mehr kann ich darüber auch sinnvoll reden: Das sind also Dinge, bei denen man übereinkommen kann. Bei der Philosophie kann man das nicht. Das wollen wir also jetzt hier exerzieren.

Für Spinoza wie auch für Kant kann man sagen, dass am Anfang ein philosophisches Denken, eine philosophische Gewissheit steht, das nennt sich *certitudo*, Gewissheit. Und von dieser Gewissheit kann man sagen, dass sie bei diesen Denkern von religiöser Art ist. Was sie dann aber daraus machen, ist davon sehr verschieden. Spinoza ging nun so vor, dass er sagt: Wir müssen über die philosophischen Gottesbeweise hinwegkommen. In der abendländischen Geistesgeschichte gab es diese Gottesbeweise, wo bewiesen werden sollte, dass es einen Gott gibt, und das ist eine Behauptung. Einer, der besonders betont hat, dass er Recht hat, war der heilige Anselm. Unter seinen Hörern, oder in seiner näheren Umgebung, war ein Mönch namens Gaunilo, der das widerlegt hat, seine Behauptung Gottes, des Seins Gottes. Das ging dann weiter bis zu Descartes, der 1596 (und Spinoza 1632) geboren ist und auch noch gewaltig in Gottesbeweisen machte. Es war das Anliegen Spinozas, von diesen Gottesbeweisen wegzukommen und zwar deswegen, weil da Gott behauptet wird, willkürlich behauptet. Schon Gaunilo konnte bei dem heiligen Anselm nicht sehen, was er eigentlich sagen wollte. Und ohne Zweifel war das, was er sagte, besser als das, was Anselm bis dahin gesagt hatte. Darauf hat er auch wieder überlegt und ist dann wohl endgültig besser gewesen als Gaunilo.[1]

Spinoza wollte ohne Behauptung arbeiten, weil man das nicht sagen kann: ‚Gott ist'. Er will aufzeigen, dass die Welt, die wir kennen, in der wir sind und leben, selber der Gottesbeweis ist, oder dass man auf ihre Weise, ohne etwas als Philosoph behaupten zu müssen, Gott hat – auf die Weise der Welt! Spinoza macht dies, indem er sagt: Ich schicke zunächst einmal einige Überlegungen voraus. Er sagt: Es gibt Substanzen, Bestehendes; und das ist etwas, was durch sich ist und durch sich begriffen wird. Und jetzt ging er eben an die Substanzen heran, die es auf der Welt gibt, meinetwegen an etwas Vornehmeres, ein Erz oder ein Metall. Wenn wir diese Substanz nun wirklich durch sich begreifen wollen, als etwas, das durch sich selbst gilt und was durch uns an sich selbst begriffen wird, dann finden wir, dass es im Grunde von jeder Substanz nur eine einzige geben kann. Was von der Substanz gesagt werden kann, von dem, was eine Substanz ist, das ist ein einziger Begriff. Und dann stellt man fest, dass sich auf diese Substanzen auch die Vielheit nicht anwenden lässt: Wenn man das eigentlich Substantielle aussagen will, hat man nur eine einzige Substanz. Wenn ich zum Beispiel vom Wasser rede, dann ist das nach ihm als solches eine Substanz, und nur eine einzige, das andere sind alles Erscheinungen dieser einen Substanz, die sich in besonderer Weise anbieten; aber was das Wasser als Wasser ist, in sich selbst und durch sich begriffen, das ist ein einziges. Und indem Spinoza auf diese Weise gesagt hat, in der Welt gibt es überhaupt nur eine einzige Substanz, sagt er: Diese einzige Substanz ist dasjenige, was, indem es durch sich selbst begriffen wird, nicht anders festgestellt werden kann denn als Ursache seiner selbst. Das berühmte – lateinische – Wort heißt *causa sui*. Das ist das, was aller Substanz zugrunde liegt: Ursache ihrer selbst; das, was Ursache seiner selbst ist. Und so kann ich sagen:

---

1 Dies ist ein Verweis darauf, dass Anselm Gaunilos Kritik und die Erwiderung hierauf in den Text seines *Proslogion* aufgenommen hat.

Wenn ich die Welt nur allein betrachte, dann haben wir da Substanz, aber Substanz ist letzten Endes nicht etwas, das durch Vielheit charakterisiert werden kann, sondern ein Einziges, und dieses Einzige ist sein eigenes Prinzip, ist sein eigener Urheber. So hat Spinoza das durchgeführt. Hierzu wird man wieder sagen können: Die Lehre ist falsch. Das macht die Sache kompliziert. Seine Lehre ist jedenfalls ganz anders als alle vorher, indem er sagt: Ich gehe von dem aus, was als Welt da ist; und wenn ich das richtig begreife, dann sehe ich: Es ist der Vollzug dessen, was in sich selbst ist und durch sich selbst begriffen wird. Es ist der Vollzug der *causa sui*, dessen, was sein eigener Ursprung ist und was sich durch sich begreift und dadurch gegenwärtig ist.

Daraufhin sagt er: Wir Menschen befassen uns damit nun, indem wir auch nichts Selbstständiges sind gegenüber der *causa sui*, denn es gibt überhaupt nur diese einzige Substanz. Ich füge nur ein, dass man Spinoza oft des Atheismus verdächtigt hat, nicht ganz ohne Grund. Auf diese Weise auf eine Substanz zu kommen und dann zu sagen: ‚Das ist die einzige Substanz, diese einzige Substanz ist die Ursache ihrer selbst, sie besteht durch sich selbst und durch ihre eigene Kraft und muss als solche als der Ursprung gelten, außer dem es nichts gibt‘ – heißt, dass auch der Mensch nicht Substanz ist. Das wird in den Büchern über Spinoza schon langsam weggelassen; es steht bei Spinoza ganz am Anfang: Wir sind nicht Substanz, es gibt nur die göttliche Substanz. Wir haben Anteil an der Substanz auf die Weise des Denkens. Wir verstehen die Substanz, wir begreifen die Substanz; durch unser Denken haben wir von ihr einen Begriff. Wenn wir diesen Begriff von der Substanz haben, dann müssen wir feststellen, dass wir ihn nur so realisieren können, dass wir die Substanz nicht sind. Spinoza sagt, auf diese Weise hätten wir das, was *causa sui* ist, in einer Weise hier für uns selber so, dass wir gar nicht begreifen, was die *causa sui* ist; sondern wir gehen von der Notwendigkeit des Verursachens, des Verursachenden und des Verursachten, also von der Naturnotwendigkeit aus. Und auf die Weise unseres Denkens stellt sich Gott dar – das nennt er lateinisch *natura naturans*, schaffende Natur, sich selber erstellende Natur. Diese findet statt auf die Weise der *natura naturata* – das sind wir und die Welt, die wir wahrnehmen –, denn außer dem, was wir wahrnehmen, gibt es für uns nichts. Wir sind die, auf deren Weise man um die *natura naturata* weiß, als die Weise, wie Gott selbst stattfindet. Gott ist Substanz, Substanz ist *causa sui*, der Ursprung ihrer selbst, und das kann man durch gar nichts anderes erklären als durch sich selbst; sie ist in und durch sich selbst, und als das Unbedingte ist sie gegenwärtig. Dann gibt es die Weise, wie wir das wissen: dass wir die Notwendigkeit Gottes, die sozusagen Freiheit ist, auf die Weise der Naturnotwendigkeit, der *natura natu-*

rata, begreifen. Das heißt: Alles, was geschieht, geschieht als immer schon Verursachtes, das Verursachte durch früher Verursachtes usw. Und das geschieht in der Zeit, in der Dauer; Spinoza hat hier vor allem den Begriff der Dauer – *duratio*. Das, was dauert, ist die *natura naturata*, nicht mehr die *causa sui* als solche, sondern unser Denken; aber so, dass wir auf die Weise dieses Denkens Gott denken. Das, was gedacht wird, ist immer nur Gott selber, aber wir denken ihn eben auf die Weise der *natura naturata*. So kommt Spinoza zu dem Ergebnis, dass wir *modus* sind, *modus* Gottes selbst, auf dessen Weise Gott als Denken stattfindet. Ein **Modus**! Darüber kann man natürlich lange nachdenken. *Modus* heißt: Es findet außer Gott nichts statt; aus Gott folgen die *modi*, sie sind in Gott, sie sind Bestimmungen in Gott, und in Gott ist dieses unser menschliches Sein als das Denken, das die Welt als *natura naturata* versteht, als Geschehen der Naturnotwendigkeit: Eines ist immer durch das andere verursacht. Das ist die Weise, wie die *causa sui* als solche stattfindet, aber nur so können wir sie fassen – und auf diese Weise haben wir die Welt in der Zeit, *duratio* – in dieser *duratio* stecken wir eben, da kann man nichts machen, aus der *duratio* kann man nicht herauskommen. Das wird natürlich auch sonst gesagt, dass wir in dieser Notwendigkeit stecken. Wir sind in dieser ständig fortgehenden Notwendigkeit, in der wir als *modus* Gottes – also Gott selbst auf die Weise eines *modus* sich darstellend (es kommt nichts zu der Substanz Gottes hinzu, *modus* ist nur die Weise, wie er sich selber darstellt) – unser Leben in der Welt so leben, dass wir diese Gegenwart Gottes nur auf die Weise der Notwendigkeit haben. Das, was ursprünglich ist, wird niemals als solches bekannt, sondern nur in dieser Reihe der einander folgenden Zustände. Und wir kommen auf diese Weise niemals dazu, uns unseres eigenen Seins als *modus* Gottes wirklich sicher zu sein oder das als solches leben zu können. Insofern ist unser Leben *cupiditas*, ein ständiges Begehren, überhaupt als Leben zu sein, ohne die Erfüllung finden zu können. Spinoza war in gewisser Weise modern, nur weil er mehr denkt als andere und sagt: ‚Das Göttliche findet statt, wir haben es nur auf die Weise der Naturnotwendigkeit, der *natura naturata*.‘ Wir sind aber die *natura naturans*, die schaffende göttliche Substanz selber, und deswegen leben wir dieses Leben, das unter der Naturnotwendigkeit steht, in einer ständigen Sehnsucht, das Leben wirklich zu haben – und das nennt er die *cupiditas*. Diese *cupiditas* wird dann, wenn man in der Notwendigkeit befangen ist, auf die Weise der Leidenschaft gelebt. Das ist bei ihm ein großes Thema. Von den Leidenschaften gibt es dann sozusagen zwei. Zum einen eine Leidenschaft der Lust: Auf die Weise des Begehrenmüssens, der *cupiditas*, steckt man in seinem eigenen Leben, es soll sich aber doch das Göttliche darin ausdrücken, entweder so, dass sich die *natura naturans* in unserm Leben ausdrückt; und dann hätten wir die Leidenschaft der Lust. *Laetitia* heißt das, was man normalerweise mit *Lust* übersetzt. Das Andere ist die Leidenschaft der Todessehnsucht, das heißt bei Spinoza *tristitia* – Niedergeschlagensein, Traurigkeit. Dies beides sind die beiden Leidenschaften, in denen wir leben, und aus diesen Leidenschaften kommen wir nicht heraus. Unser Sein als *modus* Gottes erfüllt sich auf die Weise der Leidenschaften, in diese Leidenschaften sind wir gebunden. Die *duratio* hat beides, und zwar nicht so, dass sie nacheinander auftreten, als Zustände: Ich habe zugleich Lust und auch den Wunsch, nicht zu sein. Und es kommt hinzu, dass sich diese ursprüngliche Gottesgewissheit, die aus der Lehre herausfällt und die vor der Lehre ist und die sich auf die Weise dieser Lehre darstellt, ihrerseits auch als vorphilosophisch oder vordoktrinär im Bewusstsein des Menschen darstellt und speziell auch im Bewusstsein dessen, der philosophisch denkt. Spinoza hat, ganz mit Recht, gesehen, dass der Philosoph nicht in dem aufgeht, was er selbst lehrt. Dann findet etwas statt, von dem er sagt, es führt uns über unsere Situation nicht hinaus; wir bleiben in unserem Leben so bestimmt, wie wir es als *modi* Gottes sind. Aber in dieser Weise, *modus* Gottes zu sein, erleben wir uns auch als die Selbstzufriedenheit. Sie sehen: Von *Seele*, ja sogar von *Mensch* ist überhaupt nicht die Rede. Es kann schon einmal vorkommen, dass das Wort doch gebraucht wird, aber normalerweise redet er vom Geist, und zwar nicht vom Geist des Menschen, sondern von der *mens*, das wird normalerweise mit *Geist* übersetzt. Vom Menschen redet er gar nicht! Das Entscheidende ist: Das Ursprüngliche, das durch seine Behauptung gar nicht gefasst werden kann, und was eigentlich den Menschen charakterisiert, aber in der Lehre nicht auftaucht, ist, dass man die ursprüngliche Gewissheit des Göttlichen ohne Lehre hat, und das nennt er die Selbstzufriedenheit, auf lateinisch *acquiescentia. Quies* heißt: die Ruhe, In-sich-selber-Ruhen. Dieses In-sich-selber-Ruhen ist das *summum bonum*, das höchste Glück oder das höchste Gut, das der Mensch in seinem Leben hat: *acquiescentia*. Dies sind Dinge, die bei Spinoza ganz wesentlich sind, über die ich aber in den Büchern, in denen über das Verhältnis zum Gehirn usw. geredet wird, kein einziges Wort finde. Es ist die Rede vom Leib und vom Denken, von diesen beiden. Der Leib ist das Passive, in dem wir stehen, in der Naturnotwendigkeit, sofern wir ein *modus* sind, und das Denken, das offenbart uns das Gegenwärtigsein Gottes selber. Aus diesen beiden zusammen kommen die Leidenschaften; aber es bleibt noch etwas übrig, nämlich eine Korrespondenz des Denkens und des leiblichen Seins im Gegenwärtigsein Gottes. Dieses Gegenwärtigsein Gottes ist in sich beschlossen eines, und es fällt nur für uns, in der *natura naturata*, auseinander in das Getriebensein innerhalb einer Kette von Verursachung. Die Selbstzufriedenheit ist das *summum bonum*, und man kann sagen, dass sich durch diese Selbstzufriedenheit ausdrückt, dass wir die Vernunft sind. Es wird auch wieder nicht von der Vernunft des Menschen geredet, sondern davon, dass die Vernunft den Menschen eigentlich charakterisiert.

Wir haben jetzt den Spinoza, der sich gegen die alten Gottesbeweise stellt, die einfach gesagt haben: ‚Es gibt einen Gott. Ich habe das‘. Zum Beispiel der heilige Anselm sagt: ‚Ich denke jetzt dasjenige, worüber hinaus Größeres nicht gedacht werden kann. Und das muss **sein** – dieser Gott muss da sein‘. Der nächste sagt: ‚Das vermag ich nicht zu sehen, das ist doch nur dein Gedanke und bringt für das Dasein Gottes gar nichts‘. Und der Letzte war eben Descartes, der auch noch so verfuhr, indem er sagte: ‚Wir gründen in Gott, und aus Gott verstehen wir, dass es Gott gibt‘. Darauf dann Spinoza, der sagt, er wird überhaupt nicht vom Sein Gottes, sondern vom Sein der Welt ausgehen, und wenn man vom Sein der Welt ausgeht, dann stellt man fest, dass das eigentlich das Sein Gottes ist. Dass man statt **Welt**, wenn man es richtig begreift, sagen kann: **Gott**. Und hierzu sage ich jetzt: Das ist der Haken dabei, dass Spinoza das so behauptet. Und so kam es dann auch in der Geschichte des Denkens. So sagt zum Beispiel Kant: ‚Die Welt haben wir zwar, aber diese Welt gibt nur sich selber an, und wir haben überhaupt keinen Begriff von Gott, sondern nur von der Welt.‘ Und dies ist kein eigentlicher Begriff, sondern etwas, was – französisch sagt man: als ein *Je-ne-sais-quoi* – stattfindet. Man weiß gar nicht, was das eigentlich sein soll! Das ist der Zustand, in dem wir uns befinden. Das ist nun schon moderner. Soweit ich das sehe, sind wir bis jetzt im Wesentlichen nicht darüber hinausgekommen, denn man kommt immer wieder zu Behauptungen zurück. Die kantische Lehre war: Wir sind in einem Zustand, da ist die Realität ein *Je-ne-sais-quoi*. Während Spinoza noch gesagt hat: Das kann ich alles insgesamt als *modi* der Substanz behaupten, Gott selbst stellt sich darin dar, in abgeleiteter Weise, als *natura naturata*, als Naturnotwendigkeit. Bei Kant ist das also nicht so, sondern es gibt jetzt ein Stattfinden, von dem man nicht weiß, was es bedeutet. Das nennt er dann das Erscheinen: Es erscheint etwas. Der Franzose, den ich dabei besonders erwähnen wollte, ist Vladimir Jankélévitch.[2] Er hat ein schönes Büchlein über das *Je-ne-sais-quoi* geschrie-

---

2   Vladimir Jankélévitch (1903–1985), französischer Philosoph, Musiker und Musik-
    wissenschaftler, der einer russischen jüdischen Familie entstammt, die Ende des 19.

ben: das Fast-nichts, *Le presque-rien*.[3] Das ist also das, was wir bei Kant hätten, das *Je-ne-sais-quoi*. Kant sagt: Auf diese Weise haben wir nun auch ein unbedingtes Geschehen, aber nicht das unbedingte Geschehen Gottes, sondern das unbedingte Geschehen dessen, dass wir überhaupt das Gegenwärtigsein der Welt haben, das Bewusstsein von der Welt und das Bewusstsein von uns selbst. Es wird überhaupt kein Sein mehr behauptet, sondern es wird nur behauptet, was das Eigentliche ist: Dieses Offenbarsein, dieses Gegenwärtigsein der Welt, das findet statt, und das ist etwas Unbedingtes. Also wir sind jetzt hier, das heißt kantisch gesprochen: Das Unbedingte findet auf die Weise des *Je-ne-sais-quoi* statt. Es findet ein Offenbarsein, ein Gegenwärtigsein statt, das als solches gilt und vor aller Behauptung und vor allem Zweifel stattfindet und weder begriffen noch behauptet noch ausgesprochen werden kann. Wenn ich es ausspreche, spreche ich es eben nicht aus als begriffen. Das hat Kant dann auch gemacht, indem er gesagt hat: Wir sind reines Anschauen, apriorisches Anschauen – also vor aller Erfahrung in ihrem Gegebensein. Vor den gegebenen Dingen sind wir Anschauen. Und das charakterisiert dann dieses modernere Verständnis, das wir seit Kants Zeit haben; Spinoza lebte im 17. Jahrhundert, hier wären am wir Ende des 18./Anfang des 19. Jahrhunderts.

Nach Kant haben wir ein solches Unbedingtes dadurch, dass wir es selbst in uns bemerken, aber nicht an den Inhalten, an den Inhalten haben wir gar nichts. Das war Kants Weisheit. Nachdem er darüber einige Zeit nachgedacht hat, hat er sich erstmal daran erfreut. Das nennt sich bei ihm: „das große Licht"; aber keiner hat gewusst, und er hat es auch eigentlich nicht gesagt, was das große Licht eigentlich sein soll. Das große Licht ist aber über ihn gekommen: Wir haben dieses Bewusstsein, dieses reine Anschauen, dieses Bewusstein und Selbstbewusstsein und das *Je-ne-sais-quoi* des Erscheinens. Und jetzt können wir im *Je-ne-sais-quoi* des Erscheinens begreifen! Wir begreifen also jetzt nicht mehr alles in Gott, sondern wir begreifen es im *Je-ne-sais-quoi* – und das nennt sich Wissenschaft. Das ist eine schöne Einsicht. Das ist die Wissenschaft, die wir haben – Naturwissenschaft, alle andere Wissenschaft erst recht natürlich – aber die Naturwissenschaft war das Erste, und das hat Kant hoch gerühmt, dass wir dieses Begreifen haben. Das ist also

---

Jahrhunderts aus Odessa nach Frankreich emigrierte. Joachim Kopper war mit ihm während seiner Zeit in Paris Anfang der 1950er Jahre gut bekannt.

3   Vladimir Jankélévitch: *Le Je-ne-sais-quoi et le Presque-rien*. Paris: Presses universitaires de France, 1957.

die Lehre von den zwölf Kategorien, worin sich das, was sich in der Welt darstellt, als begriffen darstellt. Aber das ist ein Begreifen in Erscheinen, von dem man nicht weiß, was es eigentlich sein soll, aber es kann begriffen werden. Da sehen Sie, dass Kant ein Mensch war, der doch mehr oder weniger zur Trübseligkeit neigte. Und anschließend stellte er fest, dass das Begreifen und Sprechen von Gott, von der unsterblichen Seele, aber auch von einem ausdrücklichen Bewusstsein der Freiheit, aufhört. Das sind nur philosophische Lehren, die zurückgewiesen werden müssen, und das ist leicht. Man kann leicht verstehen, dass Kant das zurückweist; dadurch ist er auch sehr berühmt geworden. Das haben alle gesagt: der Alleszermalmer, er hat die Gottesbeweise zermalmt! Aber das war für Kant ganz unwesentlich; heute wird es als wichtig dargestellt. Ich spreche stets von derselben Sache: Der eigentliche philosophische Impetus muss vom Behaupten unterschieden werden. Wenn Kant annahm, er habe die Gottesbeweise zerstört, dann ist das unwesentlich. Weil das Ursprüngliche die religiöse Gewissheit ist, die im Denken steckt und die sich bei all diesen Philosophen ausgedrückt hat; die sich geschichtlich entwickelt hat und die bei Spinoza zu dem Punkt kam, dass er sagt: Es gibt gar keinen selbständig festgestellten Gott, aber er gibt sich auf die Weise der Welt an. Im Bestehen der Welt gibt er sich als das einzige Bestehen an, das es überhaupt gibt. Und darauf sagt Kant: Es wird überhaupt nichts als Bestehen angegeben, aber auf die Weise unseres Erfahrens des Gegenwärtigseins der Welt haben wir das Entscheidende. Und hieraus wird jetzt begriffen, und es wird dann daraus Wissenschaft betrieben – das war für alle diese Philosophen wichtig. Es ergibt sich vor allem, und das hat Kant am meisten interessiert, die Weise, wie der Mensch daraus lebt. Das hat er in der *Kritik der reinen Vernunft* auch schon behandelt, dort in dem zweiten Teil, der sogenannten „Methodenlehre". Von der weiß man meistens nichts. Das ist aber das Eigentliche, was er sagen wollte, obwohl die „Elementarlehre" natürlich das Schwierigere gewesen ist. Aber in der „Methodenlehre" sagt er: Wir sind die Wesen, die eine gewisse Souveränität in ihrem Handeln haben – natürlich! Weil sie in dem bloßen Erscheinen, von dem man gar nicht weiß, was es sein soll, dieses Offenbarsein und Gegenwärtigsein haben, das über alles verfügt. Deswegen sagt er: Wir handeln auf die Weise der Wahlfreiheit. Das ist die untere Form [der Freiheit]. Kant sagt: Wir haben die Möglichkeit, das Ganze, was uns vorliegt, zu überschauen, die Zeit und den Raum zu überfliegen und unser Handeln danach zu bestimmen. Wir können also auswählen, was uns als das für uns letzte Gute erscheint: Das ist Wahlfreiheit. Das kam bei Spinoza nicht vor, denn für ihn waren wir Leidenschaften. Die Leidenschaften waren darin eingeschränkt, dass es im

Grunde auch noch die Selbstzufriedenheit gab. Darüber hat er sich vielleicht mehr oder weniger geärgert, oder wenn er in der Selbstzufriedenheit war, haben ihn wiederum die Leidenschaften geärgert. Beides hat sich ja gegenseitig eingeschränkt. Bei Kant ist aber die Sache so: Die Wahlfreiheit ist völlig unbedeutend, die befasst sich nur mit dem, was sowieso nicht die Sache selber ist, von dem man gar nicht weiß, was das sein soll; in meinem Leben bin ich bedürftig, weiß nicht, was das Bedürftigsein eigentlich ist, muss es aber befriedigen; und jetzt kann ich überlegen, auf welche Weise ich das mache, das Entferntere vorziehen, zum Beispiel mein Geld entsprechend anzulegen. (Das ist heute ein großes Thema, das Entferntere berücksichtigen, als Schlaufuchs, nicht unmittelbar von der Notwendigkeit abhängen. Aber das geschieht alles natürlich im *Je-ne-sais-quoi* – im Unsinn.) Wenn ich nun diese Wahlfreiheit habe, dann äußert sich darin auch – und zwar auch auf die Weise meines Lebens in der Erscheinung –, dass ich in der Erscheinung gewisse Vorgaben für das habe, was ich eigentlich tun soll, was sich aus dieser Überschau ergibt. Das nennt Kant dann eine Vernunft, der es darum geht, diese Überschau als solche zu realisieren, und nicht von dem auszugehen, was das *Je-ne-sais-quoi* ist. Das war bei Spinoza auch: Der Mensch soll wesentlich nicht egoistisch sein, sondern von der Gemeinschaft ausgehen. Das meinten alle bedeutenden Philosophen, das ist aber nicht so schwierig: Egoismus ist immer falsch. Nach Kant schwebe ich damit im *Je-ne-sais-quoi* – was soll der ganze Blödsinn, dass ich dauernd etwas zusammenraffe? Überdruss und Ekel treten ein. Aber die Vernunft sagt mir, in dieser Überschau: ‚Du musst die Einsicht in alles, was diesen großen Zusammenhang bildet, zusammenfassen, als solches durch dein Handeln befördern und dann wirst du auf diese Art und Weise so leben, dass es Vernunft – das was eigentlich sein soll, was wahrhaft ist – ausdrückt.‘ Das wäre dann nach Kant die praktische Vernunft. Schopenhauer hat darüber geschimpft, dass Kant auf die praktische Vernunft kam, die war nach ihm, Schopenhauer, nur theoretisch; aber bei Kant ist sie praktisch. Auf die Weise der praktischen Vernunft wird nun im *Je-ne-sais-quoi* – deswegen wird die Welt aber nicht anders – angegeben, was ich tun soll, und wie ich mich recht verhalte. Und dann, wenn ich mich nach dieser praktischen Vernunft richte, dann habe ich auf diese Weise auch wieder *Selbstzufriedenheit, acquiescentia*.

Nun will ich von Kant ein Wort lesen, damit Sie sehen, wie Kant und Spinoza übereinkommen, das ist ja interessant. Das ist aus der *Kritik der praktischen Vernunft*, da sagt er: „Hat man aber nicht ein Wort, welches nicht einen Genuß, wie das der Glückseligkeit, bezeichnete, aber doch ein Wohlgefallen an seiner Existenz, ein Analogon der Glückseligkeit […] *anzeigete?*

Ja! dieses Wort ist Selbstzufriedenheit."[4] Also das, was lateinisch heißt: *acquiescentia*. Das gilt für Kant auch, auch er hatte weitgehend lateinisch geschriebene Quellen für seine eigenen Überlegungen gehabt. „...dieses Wort ist *Selbstzufriedenheit,* welches in seiner eigentlichen Bedeutung jederzeit nur ein negatives Wohlgefallen an seiner Existenz andeutet, in welchem man nichts zu bedürfen sich bewußt ist. Freiheit und das Bewußtsein derselben als eines Vermögens, [...] das moralische Gesetz zu befolgen, ist *Unabhängigkeit von Neigungen* [...] und, so fern [...] der einzige Quell einer notwendig damit verbundenen, auf keinem besonderen Gefühle beruhenden, unveränderlichen Zufriedenheit, und diese kann intellektuell heißen."[5]

Also das ist eine intellektuelle Zufriedenheit, die Selbstzufriedenheit. Es gibt noch weitere Begriffe, die bei Spinoza und auch bei Kant eine Rolle spielen, nämlich die sogenannten Affekte. Die Affekte sind Bestimmungen, die wir in unserm Leben erleben; diese Affekte sind Leidenschaften. Aber daneben gibt es auch die Selbstzufriedenheit, die ebenfalls ein Affekt ist, auch bei Spinoza; sie wird auf die Weise des Lebens des Menschen in der Welt – so wie der Mensch da ist, gelebt. Darin hat er diese Selbstzufriedenheit, aber dieser Affekt ist keine Leidenschaft. Er ist keine Passion, sondern Aktion. Also ein Affekt, der Tätigkeit bedeutet, denn die Leidenschaften bedeuten alle miteinander Passion. Auch bei Kant, in seinen Schriften zur Anthropologie, gibt es Leidenschaften, das ist bei ihm das Harmloseste: Habsucht, Geiz und so weiter. Bei Spinoza ist das natürlich wieder anders gefasst, aber bei Kant gilt das nur so nebenbei. Bei Kant gibt es das, dass ich durch Leidenschaften bestimmt werde, überhaupt nicht, sondern es gibt dieses Bestimmtsein in der Wahlfreiheit. Ich habe die Wahlfreiheit, mit der Wahlfreiheit verhalte ich mich in dem, von dem ich nicht weiß, was es sein soll, was also Unsinn ist: Ich häufe Geld an, betrübe andere dabei und mache es mir sozusagen behaglich, aber das ist alles keine Leidenschaft. Deswegen gebe ich Kant mehr oder weniger Recht: Leidenschaft ist ein Gerede.

Bei Spinoza war das nicht so, da war es ein Leiden, *passio.* Dieses Leiden können Sie entweder als Lust, aber auch, im Bewusstsein der Nichtigkeit des Lebens, in Todessehnsucht und dergleichen erleben, anders als bei Kant ging der Mensch ganz darin auf. Trotzdem gab es bei Spinoza noch die Selbstzu-

---

4 Immanuel Kant: *Kritik der praktischen Vernunft.* Hrsg. von J. Kopper. Stuttgart: reclam, 1976, S. 188; Originalausg. Riga: Hartknoch, 1788, S. 211; KpV [Kritik der praktischen Vernunft], AA [Akademie-Ausgabe] 05: 117.

5 KpV, AA 05: 117f.

friedenheit. Diese Selbstzufriedenheit kommt aus dem Vorphilosophischen, aus dem Vorphilosophischen **vor** der Lehre, bevor man anfängt, zu lehren. (Das mit der Lehre ist der springende Punkt, das ist der Sündenfall; wo alle wieder beim Einzelnen sind und sagen: ‚Ich bin der bedeutende Philosoph.‘ Das geht nicht, das kann man nicht machen! So viel muss man einsehen. Ich für meine Person sehe das ein, wobei ich nicht weiß, ob ich mich danach richte, aber einsehen kann ich es. In der Philosophie kann man nicht sagen: ‚Ich bin der große Philosoph‘. Das ist völlig ausgeschlossen.)

Dass sich diese Position [bezüglich der Leidenschaften] dann geändert hat, ist bei Kant ganz deutlich. Bei ihm geht es nicht mehr um die Leidenschaften, sondern um Wahlfreiheit; aber dieselbe Vernunft, die für die Wahlfreiheit zuständig ist, kann auch für sich selbst verlangen: ‚Lebe auf die Weise der Selbstzufriedenheit!‘ Das ist dann auch ein Affekt, das erlebt man in der Erscheinungswelt. Aus den Affekten, aus dem Bestimmtsein durch gewisse Zustände, kommt man nicht heraus, weder bei Spinoza noch bei Kant; bloß wird bei Spinoza dieser Affekt, wie er sich ausdrückt, auf die Weise der Leidenschaften gelebt, die es bei ihm zusätzlich gibt. Bei Kant geschieht dies auf die Weise der Wahlfreiheit, und wenn ich etwas auf die Weise der Wahlfreiheit leben kann, dann bin ich nicht leidenschaftlich. Das ist der Unterschied. Die ganzen finanziellen Geschichten beruhen natürlich auf Wahlfreiheit und nicht auf Leidenschaft. Wer meint, das wäre Leidenschaft, der täuscht sich. In Bezug auf diese Philosophen und auch auf sich selbst. Weil es das nicht mehr gibt, das ist vorbei! Vielmehr haben wir einen Zustand, in dem wir uns in dieser Wahlfreiheit bewegen, und dabei über dem stehen, was der Inhalt ist, denn der gehört zum *Je-ne-sais-quoi*; und dass das alles nichts ist, das ist heute meiner Meinung nach im Bewusstsein latent gegenwärtig. Das gibt es nicht mehr, dass man dasjenige wichtig nehmen kann, von dem man sagt: ‚Ich verstehe nicht, was das ist‘. Das gibt es nicht, das vorzugeben ist Heuchelei. Damit müssen wir uns hier auseinandersetzen. Die Wahlfreiheit setzt sich um in die praktische Vernunft, und die setzt sich um in die Selbstzufriedenheit. Selbstzufriedenheit ist etwas, in dem man lebt und was bei Kant die Wahlfreiheit nur eingrenzt. Wenn ich die Selbstzufriedenheit habe, werde ich eventuell sagen, ich sammele nicht mein Geld für mich, sondern ich verteile es unter meine Nachfahren, an Bedürftige oder wie immer das sein mag. Das ist ja heutzutage ziemlich deutlich ausgeprägt. Bei Spinoza gibt es solche Überlegungen gar nicht und noch früher auch nicht. Es gab natürlich immer schon Menschen, die sich um Wohltätigkeit bemüht haben, aber dass man das zum Prinzip des Menschseins macht, das ist eben das, was man heute hat, in einer ganz anderen Mentalität als früher. Bei Spinoza, im siebzehnten

Jahrhundert, gilt noch die Leidenschaft als das, was man von sich selber gehalten hat. Bei Kant ist es die Wahlfreiheit – die Wahlfreiheit setzt die Selbstzufriedenheit, die Freiheit von Neigungen.

Wir wollen nochmals in der *Kritik der praktischen Vernunft* eine ganz kleine Stelle lesen, wo Kant von den Bedürfnissen und Neigungen redet. Hinsichtlich eines Pädagogen, der darauf hinweist, auf welche Weise man leben soll, sagt Kant schon in bezug auf dessen Schüler: „Das Herz wird doch von einer Last, die es jederzeit insgeheim drückt, befreit und erleichtert, wenn an reinen moralischen Entschließungen, davon Beispiele vorgelegt werden, [also im Geschichtsunterricht zum Beispiel] dem Menschen ein inneres, ihm selbst sonst nicht einmal recht bekanntes Vermögen, *die innere Freiheit*, aufgedeckt wird, sich von der ungestümen Zudringlichkeit der Neigungen dermaßen loszumachen, daß gar keine, selbst die beliebteste nicht, auf eine Entschließung, zu der wir uns jetzt unserer Vernunft bedienen sollen, Einfluß habe."[6] Dies ist also der große Unterschied zu Spinoza, in dieser kurzen Zeit, und das geht immer so weiter. Das ist sehr schwierig zu verstehen; wie soll ich zum Beispiel das Mittelalter, da wieder das frühe und das späte usw., in Verhältnis setzen zu dem, was wir später haben? Aber, zum Beispiel hier bei Spinoza, sieht man: Im Grunde geht es um die Weise des Sichverstehens. Wenn ich nachdenke, verstehe ich mich in der Leidenschaft; daraufhin sehe ich, dass das noch nicht alles ist. Es gibt auch noch die *acquiescentia*, das Ruhen in sich selber. Und dasjenige, womit wir bei Kant beginnen, ist dieses Bewusstsein: Wir haben das Offenbarsein, das Gegenwärtigsein in einer Welt, in der das Material ein *Je-ne-sais-quoi* ist, wovon man nicht weiß, was das sein soll. Darin können wir mit Wahlfreiheit, weil wir eben diese Überschau haben, handeln, aber das Leidenschaftliche steckt darin nicht. Also ich habe, glaube ich, auch noch niemand gehört, der gesagt hätte, Kant war ein leidenschaftlicher Mensch. Von Spinoza kann man sagen, dass er von den negativen – nicht so sehr den genusshaften – Leidenschaften, von der *tristitia*, zerstört worden ist; er ist ja auch nur 44 Jahre alt geworden. Ich darf noch darauf hinweisen, dass er vom Judentum ausgegangen ist, dort aber schon mit sechsundzwanzig Jahren aus der Gemeinde ausgestoßen wurde. Das nennt sich dort auch Bann: Er ist von der jüdischen Gemeinde in Amsterdam mit dem Bann belegt worden, dann in eine christliche Kirche offenbar nie eingetreten. Er lebte also in der Tat ganz für sich

---

6 „Methodenlehre" der *Kritik der praktischen Vernunft*, Reclam-Ausgabe S. 251, Originalausg. S. 286/87, KpV, AA 05: 161.

allein, und daran sehen Sie, dass ihn dann die Leidenschaften der negativen Art bestimmt haben. Kant dagegen hat dann von Kirche und Pfarrer usw. in dem Sinne gesprochen, dass das alles nichts Rechtes ist, dass es aber doch gute Leute sind – und ließ den lieben Gott einen guten Mann sein. Und war in dieser Weise dann also überzeugt von der unsichtbaren Kirche – der **unsichtbaren Kirche!** – die auf die Weise der sichtbaren Kirche nicht erreicht werde. Aber insgeheim gehören wir alle zur unsichtbaren Kirche. Das ist das kantische Verdikt, in der *Religion innerhalb der Grenzen der bloßen Vernunft.*

So komme ich nun zum Schluss. Das Ganze endet bei Kant wie auch bei Spinoza in dem letzten Teil der *Ethik*. Diese hat fünf Teile, fünf Bücher. Das erste handelt von Gott, dann kommt das zweite, vom Geist, *origine mentis* – vom Geist der Menschen wird nicht geredet; darauf das dritte Buch, von den Affekten und Leidenschaften, und dann kommt die Einsicht darein, nämlich von der *servitute humana*, von der Sklaverei, dem Sklavenleben des Menschen. Danach kommt das Buch von der Freiheit des Menschen. Diese Freiheit des Menschen, darüber wird nun nicht mehr viel gesagt. Das ist lediglich dieses, dass man sich selbst die Ruhe nimmt, sich selbst betrachtet in der *contemplatio*. In dieser *contemplatio* verstehe ich, dass dasjenige, was ich als mein modales Sein in Gott angesehen habe, doch noch besser in dem Sinne verstanden werden kann, dass Gottes *modi*, sofern wir in Gott sind, nicht mehr so gelebt sind, wie wir es zunächst unmittelbar tun, sondern als ein Innesein in Gott, das über die zeitliche Auffassungsweise hinausgeht. Spinoza sagt also, dass wir auch stets ein Gottesverständnis haben, in dem wir in unserem leiblichen Dasein in der Welt auch von Gott verstanden sind, als sein Sein. Während **wir** von dem Modalen, also von der *natura naturata* ausgehen (und sagen, wir sind so und so beschaffen und so weiter), geht Gott, für uns selber, aus von der *natura naturans*; deswegen verstehen wir uns aus einem leiblichen Sein, das nicht durch die Zeit bestimmt ist. Da kommen natürlich auch wieder einige an und reden vom Tod; vom Tod redet er gerade **nicht**. Sondern er sagt, das Leiblichsein wird normalerweise so aufgefasst, dass es durch den Tod bezeichnet ist, da gibt es diese *tristitia*. Aber das Richtige ist zu sehen, dass es auch das Innesein des menschlichen leiblichen Wesens in Gott gibt, und insofern sind wir in unserem leiblichen Dasein von der *duratio*, der zeitlichen Dauer, entbunden. Daraus kommt ein neues Verständnis der Affekte, denn wir sehen nämlich jetzt, dass die Affekte ein Geschehen in Gott sind. Und da ist dann der Affekt Liebe, und die Liebe Gottes ist auch als Liebe zu den Menschen Liebe des Menschen zu Gott. Das ergibt sich aus dieser Selbstgenugsamkeit und Selbstzufriedenheit. Wenn man das betrachtet, dann hat man darin die Gewissheit des *summum bonum*, und dann sieht man: Wir müssen für unser eigenes Leben in der Zeit davon ausgehen, dass wir nur der *modus* Gottes sind; aber damit betrachten wir alles unter der Zeit und in der Naturnotwendigkeit. In Gott betrachten wir es in der Freiheit. Das ist die Wahrheit, die wir jetzt schon wissen. Das ist also das fünfte Buch, darin wird dann weiter nicht mehr viel gesagt. Selbstzufriedenheit wohl, und diese Selbstzufriedenheit ist an und für sich nicht mehr durch die Lehre angegeben und bedeutet, dass sie außerhalb, vor der Lehre ist, wie bei Kant auch. Das will ich jetzt trotzdem noch – ich hoffe dass ich Sie damit nicht unnötig gequält habe – ganz kurz lesen, damit wir noch sehen, was beide dazu gesagt haben. Also hier hätte ich zunächst Spinoza und lese noch ein paar Zeilen, am Schluss. Da heißt es also: „Die intellektuelle Liebe Gottes, des Geistes [also unseres Geistes] zu Gott, ist eben die Liebe Gottes, womit Gott sich selbst liebt. [...] Das heißt, die intellektuelle Liebe des Geistes zu Gott ist ein Teil der unendlichen Liebe, womit Gott sich selbst liebt."[7] Hier sagt er nur: Dieser Affekt ist nicht mehr ein Affekt der Lust, ist nicht mehr eine Leidenschaft, weder eine Leidenschaft der Lust noch der Betrübnis, sondern der Affekt ist hier etwas, was Gott ist, insofern er in seiner Liebe die Liebe zum Menschen einbeschlossen hat. Das ist immer noch nur mehr einfach. Nämlich Gott selbst liebt. In dieser Liebe, die er zu sich selber ist, ist die Liebe zum Menschen einbeschlossen. Das drückt sich dann auch wieder darin aus, dass der menschliche Leib nicht eigentlich in der *duratio* verstanden ist, sondern in dieser Liebe Gottes. Das sind also alles ganz schwierige Sachen, von denen darf in der Spaßgesellschaft natürlich nicht gesprochen werden. Das ist ja das Traurige, man steht da auf verlassenem Posten. Und jetzt lese ich dieselbe Sache noch einmal bei Kant.

Also hören Sie jetzt Kant und zwar aus dem *Opus postumum*, aus nachgelassenen Sachen, die er nicht mehr selber hat veröffentlichen können. Und da hat er nun eine große Menge von Bemerkungen, die werden oft wiederholt und immer wieder variiert. Das ist dann herausgegeben worden, was zwei dicke Bände in der sogenannten Akademieausgabe ausmacht, und da ist auch von Gott die Rede. Es gibt eine Stelle mit der Überschrift: **Es ist ein Gott**. Wollen wir das zum Abschluss lesen, das ist eigentlich der Höhepunkt.

---

7 Spinoza, Benedictus de: *Die Ethik*. Lateinisch-deutsche Ausgabe. Hrsg. von Jakob Stern. Mit einem Nachwort von Bernhard Lakebrink. Stuttgart: Reclam 1986, S. 682 (V, Lehrsatz 36): „Mentis Amor intellectualis erga Deum est ipse Dei Amor, quo Deus se ipsum amat, non quatenus infinitus est, sed quatenus per esentiam humanae Mentis, sub specie aeternitatis consideratam, explicari potest, hoc est, Mentis erga Deum Amor intellectualis pars est infinit amoris, quo Deus se ipsum amat." Übersetzung von J. K.

Er sagt also nun hier unter der Überschrift: **Es ist ein Gott**[8]: „Es ist ein Wesen in mir, was von mir unterschieden im Kausalverhältnisse der Wirksamkeit [...] auf mich steht". Er sagt also, dieses göttliche Wesen steht zu mir in *causa* – verursachend. Aber das ist ein Wesen in mir, das, insofern es von mir unterschieden ist, wie eine Ursache, aber doch als mein eigenes Geschehen, das Erfahren einer Ursache ist. Dafür hat er dann drei lateinische Wörter: *agit, facit, operatur*. Er handelt, er macht/tut, und er wirkt. Also das ist das, was ich in mir selber erlebe: handeln, tun, wirken. Das ist das, was wir die ganze Zeit hatten, Gott sei das ursprünglich Handelnde, und wir erfahren ihn auf die Weise der Passivität, der *natura naturata*, der passivisch erlebten Natur, der Notwendigkeit. Das ist jetzt in mir selbst, in mir selbst erfahre ich das, was *agit, facit, operatur*, was handelt, macht und wirkt. Aber es ist alles das ein Geschehen in mir. Ich wiederhole das: „Es ist ein Wesen in mir, was von mir unterschieden im Kausalverhältnisse der Wirksamkeit [...] auf mich steht (*agit, facit, operatur*), welches selbst frei d.i. ohne vom Naturgesetze im Raum und der Zeit abhängig zu sein, mich innerlich richtet (rechtfertigt oder verdammt)" – Sehen Sie, das ist der neue Begriff von der Kausalität: Rechtfertigung oder Verdammung, und **nicht**: Nacheinander-Angestoßen-Werden; dass das die Kausalität wäre, dass ich jetzt hier einen Schluck trinke und so weiter. Das Entscheidende ist, sagt Kant, für mich als das denkende Wesen, dass ich gerechtfertigt sein kann oder auch verdammt. Das ist alles die Weise, wie ich mich selber erfahre. Der Gott liegt ja nicht außer mir, ich erfahre das alles in mir, ich brauche nur mich selbst. Da sehen Sie, das können Sie nicht mehr durch Leidenschaften und auch nicht durch Wahlfreiheit und so etwas angeben, das geht alles nicht mehr, da kann man ewig denken! Dahinter zu kommen ist schwierig, das ist klar. Ich wiederhole:

„Es ist ein Wesen in mir, was von mir unterschieden im Kausalverhältnisse der Wirksamkeit (nexus efffectivus) auf mich steht (*agit, facit, operatur*), welches selbst frei d.i. ohne vom Naturgesetze im Raum und der Zeit abhängig zu sein, mich innerlich richtet (rechtfertigt oder verdammt); und ich der Mensch bin selbst dieses Wesen, und dieses nicht etwa eine Substanz außer mir, und, was das Befremdlichste ist: die Kausalität [das ist also die *natura naturata*] ist doch eine Bestimmung zur Tat in Freiheit, (nicht als Naturnotwendigkeit)."[9]

---

8   Immanuel Kant: *Opus postumum*, AA 21:25.02. Bei den verlesenen Stellen handelt es sich um den von Joachim Kopper modernisierten Text. Vgl. hierzu die folgende Fußnote.

9   Op. cit., AA 21: 25.02–09. Der dort erstellte Text lautet „Es ist ein Wesen in mir was von mir unterschieden im Causal//Verhältnisse der Wirksamkeit (nexus effectivus)

Da schließe ich nun mit diesem Satz, machen wir also für heute Schluss. Vielen Dank, dass Sie mir zugehört haben!

Frage: Das ist sehr schwierig, weil der Arzt und Naturwissenschaftler die Seele nicht sehen kann, weder im Röntgen-, noch im Blutbild, der aber das Materielle braucht beim Menschen, die Sehnen oder die Gelenke, als der Naturwissenschaftler, der Fakten benennen will, benennen will, was man handfest greifen kann. Die Anatomie ist ein ganz anderes Gebäude als die Philosophie, das habe ich erlebt, im Konflikt des Verstehens.

Kopper: Die Sache wäre so: Wir haben dieses Denken, von dem die Rede ist. Dieses Denken denkt auf die Weise des Leiblichseins. Das Leiblichsein, als das Sie oder ich sich erleben, findet überhaupt nur statt, wenn Sie auch als denkendes Wesen da sind. Und dieser Leib ist also die Weise, aus der heraus das Denken nun stattfindet. Nun sagt er [Spinoza], wir haben an dem Leib etwas, das selbst nicht als der Modus des Denkens angegeben werden kann, sondern was das göttliche Sein ist. Das auf die Weise des Denkens, des Bestimmtseins, des *modus*, durch das Denken, nicht angegeben werden kann, sondern, wie Spinoza sich ausdrückt, durch Ausgedehntsein. Aber dieses Ausgedehntsein haben wir auch wiederum nur auf die Weise des Denkens. Also es ist keineswegs so, dass ich vom Leib ausgehen kann und sagen kann, ich denke auch **darüber**; das ist nur eine heruntergebrachte Form von dem, was die Sache eigentlich ist. Der Leib ist nämlich nur im Denken da, und man weiß gar nicht, was dies eigentlich sein soll; deswegen ist dies ein Geschehen in der *duratio*, es passiert eben. Und jetzt wird wiederum in dieser Situation, in der man nicht weiß, womit man es zu tun hat, gedacht. Das betrifft aber nicht das Denken, das ist die Weise, wie ich den Leib in der *natura naturata* darstelle, und das macht die Wissenschaft.

Also da kann man lange darüber reden; der Mensch ist ja **einer**. Er ist ein Modus Gottes, er nimmt teil an Weisen, wie Gott sich selbst darstellt. Gott stellt sich auf die Weise des Denkens und auch auf die Weise der Ausdehnung dar. Diese Ausdehnung ist ja das Wichtige bei Spinoza; es ist nicht das, was **wir** darunter verstehen – denn das stellt sich schon dar auf die Weise unseres Denkens; und den Leib, wie er lediglich als *natura naturata* da ist, den be-

---

auf mich steht (*agit, facit, operatur*) welches, selbst frey d. i. ohne vom Naturgesetze im Raum und der Zeit abhängig zu seyn mich innerlich richtet (rechtfertigt oder Verdammt) und ich der Mensch bin selbst dieses Wesen und dieses nicht etwa eine Substanz ausser mir und was das befremdlichste ist: die Caussalität ist doch eine Bestimmung zur That in Freyheit (nicht als Naturnothwendigkeit)".

handeln Sie eben, den operieren Sie und den machen Sie auch wieder gesund. Das ist alles dieses modale Geschehen, wenn gedacht wird. Diese Art des Denkens folgt dann auch allgemeinen Gesetzen, aber es setzt immer an diesem vorliegenden Material an, Sie denken niemals ohne dieses. Wenn Sie zum Beispiel einen Kranken oder einen Gestorbenen vorfinden, dann stellen Sie dies nur fest auf die Weise des *modus* des Denkens, in dem allein wir überhaupt die Welt haben. Und dieser unser *modus* des Denkens geschieht so, dass er statthat in Bindung an das, was Spinoza nennt: die *extensio*. Das Ausgedehntsein, das man vorfindet, wie z. B. den Leib des Kranken, ist aber nicht die *extensio*, sondern das, das man vorfindet und worüber nachgedacht wird. Die *extensio* selbst ist hingegen die Weise – wenn Sie so sagen wollen – wie Sie sich fühlen. Also das, was in Spinozas Ethik bei den *Affekten* kommt. Der gefühlte Leib, das ist die *extensio*. Jetzt beobachte ich ihn und denke darüber: Dann ist er ausgedehnt **und dauert** – ich kann daneben mit der Uhr stehen, das ist die *duratio* – er wird gemessen. In dieser Hinsicht tangieren die Betrachtungen der Philosophie die Naturwissenschaft gar nicht. Die Rechtfertigung ihres Vorgehens liefert die Wissenschaft selbst, indem sie sagt: Wir sind das Wesen, das alles nur auf die Weise des Denkens hat. Auf diese Weise bedenken wir das Leiblichsein; das Leiblichsein gilt aber auch, und wenn wir anfangen zu denken, dann denken wir es eben auf diese Weise, die dem Denken zusteht, und dazu gehört die Betrachtung des vorhandenen Leibes, so wie wir ihn im Denken feststellen. Der Leib selber, die *extensio*, also dasjenige was Raum und Zeit eigentlich bedeuten, wenn ich nicht denke, das ist auf die Weise des Fühlens. Es ist das, was wir dann in den *Affekten* leben. Das heißt, es kommt bei Spinoza wie bei Kant auch dieses Dunkle heraus, dass wir nicht wissen, was wir sind. Daran können wir durch Denken ansetzen und so das Beste draus machen. Diese Weise des Denkens am vorhandenen Material wird heutzutage sehr stark gepriesen, in dem Sinne, dass das alles wäre, was der Mensch leisten kann. Das gibt es auch in der Philosophie: Hirnphilosophen. Das alles hat aber gar nichts damit zu tun, wie sich der Mensch im Leib fühlt und in den Affekten erlebt.

Bei Spinoza kommt dieses Vorhandene als Ausdruck gar nicht vor, wie auch der Ausdruck Mensch nicht eigentlich vorkommt; sondern er geht vom Denken und vom Leib aus, Körper, Corpus.[10] Den eigenen Leib kann ich wiederum als etwas Vorhandenes wahrnehmen und beobachten, wie auch

---

10 Spinoza verwendet in der Ethik den Ausdruck *corpus* für die vorhandenen Dinge, während *Corpus* für den ursprünglichen menschlichen Leib steht.

alles, was sonst körperlich da ist. Körperlich ist aber insbesondere auch, wie das Körperliche sich als Körperliches kundgibt – ohne Denken. Und das ist wiederum etwas anderes, darüber kann im Denken nicht befunden werden. Obwohl man das in gewisser Weise weiß und in der Selbstzufriedenheit sagen kann: ‚Ja, so ist es im Herrn‘. Ich habe das im Seminar, vor dieser Veranstaltung heute, nur zehn Stunden behandelt, und ich kann sagen wie ein Pfarrer öfters sagt, der auf die Kanzel steigt: „Mir graust’s“ – das wirklich zu vermitteln, was ein Philosoph eigentlich sagen will. Aber das schränkt die Wissenschaft nicht ein! Im Gegenteil, sie [die Philosophen] wollten alle die Wissenschaft sogar begründen; das aber halte ich nun wieder für übertrieben. Aber sie [die Philosophen] lassen die Wissenschaft unbedingt gelten, denn sie ist eine höhere Weise zu denken als wenn ich sage, ‚ich will jetzt gut essen‘. Das ist in der Zeitung auch umgekehrt. Es wird nur noch über Essen und Kochen berichtet; das ist die Weise, wie man das heute auffasst.

Frage: Wie ist Spinozas Lehre von der sich selbst erschaffenden Substanz, von der sich dann die Modi ableiten, eigentlich zu verstehen? Der Verstand sagt einem doch eigentlich, dass so etwas nicht möglich ist, dass etwas sich selbst erschafft.

Kopper: Eben, da haben Sie den Haken. In der zweiten dieser zehn Stunden des Seminars habe ich mich mit der Sache befasst und war doch recht unzufrieden. Man muss ausgehen von der Substanz. Und dann sagt Spinoza, bei der Substanz komme ich dazu, dass es überhaupt nur eine Substanz geben kann. Und dann unterschiebt er, das wäre die *causa sui*. Da will ich auch nicht sagen, dass ich das genügend begriffen hätte, wenn man da noch länger darüber nachdenkt, wird man wahrscheinlich etwas finden, was die Sache besser macht. Insofern er eben sagt, wir haben, wenn wir alles als Substanz ansehen, dann nicht mehr nur die *natura naturata*, und dann wäre nur das Reden falsch: „Per causam sui intelligo…“ Auf der deutsche Seite steht: „Unter causa sui verstehe ich…“ – aber was soll das denn heißen? Er versteht doch nichts! Deswegen sagt man besser so: ‚Als causa sui spreche ich aus. Dann erhebe ich nicht den Anspruch, dass mein Sprechen die Einsicht hätte. Also: *Am Anfang war das Wort*, das hat sogar noch Goethe bemängelt. Das besagt nichts, aber es ist etwas Wahres dran: Wenn ich spreche, brauche ich nichts zu verstehen. Spinoza hat hier gesprochen: ‚causa sui nenne ich…‘, er hat gesagt, *intelligo*. Das war die Unterschiebung. Da ich aber davon ausgehe, dass der Fehler immer noch nur bei mir liegt, dass man die Leute eines solchen ziemlich auf der Hand liegenden Irrtums zeiht. Es ist klar, die *causa sui* ist natürlich dem Begreifen aus der *natura naturata* entnommen. Wie wende ich das denn jetzt auf die *natura naturans* an? Das dürfte nicht sein. Deswegen habe ich gesagt, er begreift da gar nichts. Er sagt zwar *intelligo*, hat aber nichts intelligiert, hat aber gesprochen. Das ist das eigentliche Laster: Alle sprechen, ohne eigentlich etwas zu begreifen. Das gebe ich zum weiteren Bedenken mit. Aber: Immer, wenn etwas da ist, dann geht es ja, dann wissen Sie, wovon Sie reden. Aber hier ist ja nichts da.

Leben – Sünde. Gesetz – Freiheit

Akademievortrag im Erbacher Hof vom 19. März 2013

Es war im Sommer [2012], als ich zum Thema des Vortrags sagte: „Leben, Sünde – Gesetz, Freiheit", vier Worte. Es hört sich ganz gut an, und darüber habe ich jetzt nachgedacht: Und da ergibt sich, dass ich besser gesagt hätte, es dreht sich, wie auch in den Vorlesungen, die ich dazu gehalten hatte, um das Sichverstehen des Menschen. Das Sichverstehen des Menschen wird durch die vielen anderen Worte, die es da gibt, wie Vernunft – das scheint eines der schlechtesten Worte in dieser Hinsicht zu sein, bei dem man gar nicht weiß, was es sein soll – nicht ausgedrückt.

Das habe ich jetzt zugrunde gelegt, so, dass dann diese Begriffe eine gewisse Rolle spielen, und gehe also davon aus, dass dieses Sichverstehen nun im Hinblick auf das abendländische Denken, das man mit Recht (deswegen sitzen wir ja hier im Erbacher Hof) christliches Denken nennen kann, behandelt werden soll. Selbst wenn heutzutage jemand sagt: „Ich bin Atheist", dann ist er auch im christlichen Denken. Das sind alles Sprüche, die die Leute – ohne zu denken – vorbringen. Was das Denken eigentlich ist, in dem sie stecken, das sagen sie nicht. Und das wissen auch wir nicht so ohne weiteres, und deswegen wollte ich darüber einmal wieder ein bisschen reden.

Bei dieser Sache muss man nun vorne anfangen: beim Alten Testament. Hier wird die Frage nach dem Ursprung gestellt, nach dem Anfang, nach dem, was das Allererste ist, worüber hinaus man im Denken nicht kommen kann und dergleichen. Das findet sich in der Genesis, also im ersten Buch der Bibel, im Bericht über die Erschaffung der Welt. Und dazu muss man wissen, dass sie um 500 oder 600 vor Christus, im sogenannten Priesterkodex aufgeschrieben worden ist. Da wurden diese Geschichten verfasst, die vorher auch schon vorhanden waren. Es handelte sich um eine Überlieferung, die zum Teil schon sehr alt war, andere Teile wieder weniger alt, wie das so ist. Dazu wurde diese Einleitung geschrieben, und das ist, wenn wir uns klar ausdrücken dürfen – das tue ich hier und bitte Sie, mir das nachzusehen und es mir nicht übel zu nehmen – natürlich gemacht auf die Weise der Phantasie und der Dichtung. Sie [die Autoren] haben da phantasiert, hatten aber den gemeinen Menschenverstand zur Basis. Der gemeine Menschenverstand, das ist das, was wir alle haben: Man geht davon aus, dass die anderen Menschen, wie alle anderen Dinge auch, da sind; und so ist auch der liebe Gott da, und alles ist eben da, vorhanden usw. Und jetzt fängt Gott an zu reden, und schimpft z. B. und erlässt Gebote und dergleichen. Aber das war natürlich bei diesen ganz alten Religionen, die diesen Mythos hatten, der später von Leuten, die den vernünftigen Menschenverstand hatten, niedergelegt wurde, nicht so; wahrscheinlich hat man damals, wenn man dazu überhaupt etwas sagen sollte, gar nichts gesagt. Man hat damals gelebt und hatte ein Sichverstehen, ein Bewusstsein von sich selber, ohne Worte. Und dann kamen einige wenige Worte dazu, und es wurden nach und nach immer mehr. Und schließlich kam diese schriftliche Äußerungsweise; dazu gehört dann auch die Schöpfungsgeschichte. Und da hat es gar keinen Zweck, so zu tun, als ob das irgendetwas Besonderes wäre, sondern das ist ein spätes Produkt, natürlich auf Grund der Tradition, von Leuten, die den gemeinen Menschenverstand hatten, so wie wir auch. Und da wird also gesagt, dass Gott am Anfang Himmel und Erde schuf; *und die Erde war wüste und leer, und es war finster.* Gut.

Dann geht es so weiter, da gibt es ein sogenanntes Sechstagewerk: Und am sechsten Tage erschafft Gott den Menschen. Das ist für uns das Entscheidende, dass nun vom Menschen geredet wird, hier am sechsten Tag; nachher kommt das zweite Kapitel, da wird der Mensch nochmal erschaffen. Sie sehen, das geht völlig durcheinander. Es ist für unsereinen heute ein Erstaunen zu sehen, wie man das über Jahrhunderte hinweg als einen authentischen Bericht ansehen konnte, wenn das zweite Kapitel dem ersten widerspricht. Im ersten wird noch Adam mit Eva zusammen geschaffen. Im zweiten der Adam alleine, und später kriegt er die Eva dazu, das ist vielleicht das Bessere gegenüber dem anderen. Indem sie aus seinem eigenen Leibe erschaffen wird, während er schläft, er merkt's nicht. Das ist wichtig, dass er's nicht merkt, nachher war sie auf einmal da: „Siehe, das ist Fleisch von meinem Fleisch." Und das sind ja schon Gedanken, die nicht ganz alltäglich sind. Sie haben hier auch den gemeinen Menschenverstand, aber da wird Bedeutendes ausgesagt, man weiß nur nicht recht, was. Ich zitiere nicht viel, aber diese ganz wichtigen Geschichten, die sollte man doch zitieren, damit Sie genau sehen, was das ist, worauf diese ganze Geschichte sich gründet. Also habe ich z. B. im Herder-Lexikon aus Freiburg[1] nachgelesen,

---

1 *Herders Conversations-Lexikon*, in Freiburg erschienenes bedeutendes Konversationslexikon des 19. Jh., bis in die 1960er Jahre als *Der Große Herder* erschienen.

dass noch, ich glaube, Pius IX. gesagt hat: Adam und Eva sind historische Gestalten. Während ich eben schon gesagt habe, und daran ist meiner Meinung nach eben gar nicht zu rütteln, es handelt sich um eine Phantasie oder Dichtung oder wie man das nennen will – das, was man Mythos nennt, wenn er vom gemeinen Menschenverstand fertiggestellt wird. Wenn Sie das nicht haben, dann haben Sie eventuell gar keine Aussagen, sondern ein Verständnis der Menschen von ihrem Leben und Ihrem Dasein, das später dann als mythisch bezeichnet wird, das diese selbst aber nicht ausdrücken konnten. Und hier, im Schöpfungsbericht, haben wir Leute, die sind uns an und für sich vergleichsweise nahe. So wie Platon und Aristoteles, so nahe sind uns diese auch. Und das wollen wir jetzt einmal ansehen.

Das wäre zuerst die Genesis 1, da hat Gott die Welt geschaffen in sechs Tagen. Und am sechsten Tag, das ist der letzte, wird der Mensch geschaffen, und dann kommt eine Pause, das ist der Sonntag, an dem der Herr ruht. Und da ist also gesagt: *Und GOtt sprach: lasset uns menschen machen, ein bild, das uns gleich sey, […]. Und GOtt schuf den menschen ihm zum bilde, zum bilde GOttes schuf er ihn, und er schuf sie ein Männlein und ein Fräulein.*[2] Das wird dann im nächsten wieder aufgenommen, doch da sieht die Sache schon wieder ganz anders aus, und das erscheint mir deswegen als das Spätere, was später niedergelegt worden ist. Da wird also gesagt: *Und GOtt der HErr machte den menschen aus einem erdenkloß […]. Und GOtt der HErr pflanzte einen Garten in Eden und setzte den Menschen darein […]. Und GOtt der HErr ließ aufwachsen aus der erde allerley Bäume lustig anzusehen, und gut zu essen, und den baum des lebens mitten im garten, und den Baum des Erkenntnisses gutes und böses.*[3] Die hat er also geschaffen, die sind von Gott gemacht. Darum dreht es sich: Der Baum der Erkenntnis des Guten und Bösen ist lediglich etwas von Gott Gemachtes und hat überhaupt nichts zu tun mit Gottes Freiheit und dergleichen, was dann gerne erzählt wird, wie ‚Gott hat ihn mit Freiheit geschaffen, und Adam hat dann in Freiheit gesündigt‘. Da

---

2   1. Mose 1,26-27. – Zu Bibelzitaten und Übersetzungen s. Joachim Kopper, *Einbildungskraft und Glaube*, S. 13: „Was die […] zitierten Texte anbetrifft, so habe ich die aus dem Mittelhochdeutschen, Lateinischen und Französischen zitierten Texte selbst übersetzt. Die zitierten Bibeltexte habe ich, um sie den späteren Übersetzungsstreitigkeiten zu entziehen, nach einer von dem Directorium des Waisenhauses zu Halle 1803 veranstalteten Ausgabe angegeben. Die Texte von Anselm, Meister Eckhart, Spinoza und Kant habe ich – gegebenenfalls – mit eigenen Übersetzungen nach den Ausgaben in Reclams Universalbibliothek zitiert.“

3   1. Mose 2,7-9.

ist man eigentlich platt, wie das Leute, die auch den gemeinen Menschenverstand haben, alles so genau wissen. Die Rede ist davon überhaupt nicht, sondern er hat diesen Menschen geschaffen, und er hat ihm gesagt, es wäre verhängnisvoll für ihn, wenn er vom Baum der Erkenntnis essen würde – und zwar deswegen, weil er Gott gleich war, und sich abgeben wollte mit dem bloß Gemachten. „Ein Baum ist kein Mensch", das ist das, was der Herr meinte: Lass die Finger davon! Die anderen Tiere, die da waren, die konnten vom Baum der Erkenntnis des Guten und Bösen essen und trinken und konnten machen, was sie wollten, denn die hatten ja kein Ebenbild Gottes. Das Ebenbild Gottes bedeutet, dass er also diese Unendlichkeit und Ewigkeit des göttlichen Geistes hatte. Indem er dann vom Baum der Erkenntnis isst – der Baum des Lebens steht da noch, der wird später nicht weiter erwähnt –, hat er diese Erkenntnis, die Gott gleich war, heruntergewürdigt zum bloßen Gemachtsein, und das war für ihn verhängnisvoll. Denn in dem Moment, in dem er das Ewige in ihm heruntergewürdigt hat, da kam er sich selber in seiner Erbärmlichkeit vor Augen. Das geht also davon aus, dass gesagt wird: „Er ist das Ebenbild Gottes". Mit den anderen Viechern ist das völlig uninteressant. Bei ihm besteht eine Ausnahme, weil er dieses Ebenbild Gottes ist und nun dieses Ebenbild Gottes verstehen will auf die Weise des bloßen Gemachtseins, wie jedes Tier das auch versteht. Das findet man auch in dem Bericht; der zweite [Verfasser] muss schon ziemlich ein Dichter gewesen sein, also besser als der des ersten Kapitels. Die Schlange tänzelte da um diesen Baum der Erkenntnis herum und bewegt sich elegant und vornehm und sagte: „Esset doch von diesem Baum! Sollte Gott wirklich gemeint haben, dass das für Euch verhängnisvoll ist?" Und da hat dann zunächst die Eva und dann der Adam mit ihr von dem Baum gegessen.[4] Und dadurch haben sie das Ewige unter das Gewöhnliche gebracht. Und dieses Verhältnis besteht noch heute, weil der Mythos nichts anderes als erklären soll, wie der Mensch, wie er tatsächlich ist, eigentlich zustande gekommen ist. Und zwar, wie man hier sehen muss, auf rationale Art und Weise. Es war nicht etwa ein göttliches Geheimnis, sondern Priester haben das zusammen verfasst. Einige sind gestorben, andere haben das ergänzt, usw. Und dann kam das dabei heraus: Als beide aus der Ewigkeit das gegessen haben, was bloß Gemachtsein ist, haben sie erkannt, dass das Gemachtsein nicht das göttliche Sein ist. Das haben sie, die Ebenbilder Gottes sind, bei der Gelegenheit erkannt, und da fühlten sie sich erbärmlich. Am besten hat das dann wieder Spinoza, der auch

---

4   Vgl. 1. Mose 3,1-6.

Jude war, im 17. Jahrhundert ausgedrückt, indem er sagte: „Sie fürchteten den Tod mehr, als sie das Leben liebten."[5] *Sie fürchteten den Tod mehr, als sie das Leben liebten.* Denn den Tod stellt man nicht fest, den lebt man nicht. Das ist ja gerade das, was nicht gelebt wird. Aber sie fürchteten das, was nicht gelebt wird, mehr als das, was sie eigentlich am Leben hatten. Das hat Spinoza gesagt, der nach Kant, wenn man so will, der bedeutendste Denker in der Neuzeit ist. Beide sind christliche Denker; denn Spinoza sagt auch bei der ganzen Geschichte, durch die Führung Jesu Christi ist er wieder zurückgekommen zu der Befreiung von diesem Irrtum, der darin liegt.[6] (Darüber sprechen wir noch.) Zu diesem verhängnisvollen Essen vom Baum der Erkenntnis: Also ich glaube, das ist ganz klar, es ist verhängnisvoll! Man darf sich den lieben Gott nicht vorstellen wie einen alten Opa, nicht ganz so alt, wie ich es jetzt bin, jünger noch und etwas munterer und kräftiger, der da rumschnauzt usw. Das war dem viel zu dumm. Zu sagen, in Freiheit schnauzte er sie an – was soll denn das alles? Vielmehr war das verhängnisvoll! Sie haben sich selbst heruntergebracht – von der Ewigkeit zum Gemachtsein – und

---

5 Vgl. Spinoza, Benedictus de: *Die Ethik.* Lateinisch-deutsche Ausgabe. Hrsg. von Jakob Stern. Mit einem Nachwort von Bernhard Lakebrink. Stuttgart: Reclam 1986, S. 582: „[…] eatenus narratur, quod Deus homini libero prohibuerit, ne de arbore cognitionis boni, & mali comederet, & quod, simulac de ea comederet, statim mortem metueret potius, quam vivere cuperet." Übersetzung von Joachim Kopper: „In dieser Hinsicht wird erzählt, dass Gott es dem freien Menschen verboten habe, vom Baum der Erkenntnis des Guten und des Bösen zu essen, und dass er, sobald er von demselben äße, sogleich mehr den Tod fürchten als zu leben begehren würde."

6 Vgl. Spinoza, op. cit., S. 582, Forts.: „Deinde, quod inventa ab homine uxore, quae cum sua natura prorsus conveniebat, cognovit nihil posse in natura dari quod ipsi posset illa esse utilius; sed quod, postquam bruta sibi similia esse credit statum eorum affectus imitari inceperit […], & libertatem suam amittere, quam Patriarchae postea recuperaverunt, ducti spiritu Christi, hoc est, Die idea, a qua sola pendet, ut homo liber sit, & ut bonum, quod sibi cupit, reliquis hominibus cupiat […]." Übersetzung von Joachim Kopper: „Dann, dass der Mensch, nachdem von ihm die Gattin gefunden war, die mit seinem Wesen (natura) ganz zusammenstimmte, er erkannte, dass nichts in der Natur (natura) gegeben werden könnte, das ihm zu größerem Wohl gereichen könnte als sie; dann dass, nachdem er zu der Auffassung gelangt war, dass die Tiere ihm ähnlich seien, er sogleich anfing, deren Affekte nachzuahmen und seine Freiheit zu verlieren. Die Patriarchen haben sie später, vom Geiste Christi geführt, wiedererlangt, d. h. durch die Idee Gottes, von der allein es abhängt, dass der Mensch frei sei, und dass er das Gute, das er für sich begehrt, auch für die anderen Menschen begehre."

haben das gesehen: dass das Gemachtsein nicht das göttliche Sein ist; und deswegen tritt die Furcht vorm Tode ein usw. Wie gesagt, die Leute denken nicht nach, es wird einfach irgendwas behauptet und gesagt, „Adam sündigte in Freiheit". Was soll denn das heißen? Er sündigte gar nicht in Freiheit, sondern so, wie er war, nämlich zusammengesetzt aus Ebenbildlichkeit und Gemachtsein, und außerdem war's die Eva mit dem Adam zusammen. Da war dann die Sache so, dass er gemeint hat, durch das Gemachtsein auch das Ewige näher bestimmen zu können, besser verstehen zu können, was das Ewige ist, und dabei kam das Gegenteil heraus. Es war verhängnisvoll, deswegen würde ich nicht sagen: **das Böse**, sondern: **das Verhängnisvolle**, was der Herr ihm mitgeteilt hat: „Iss nicht von diesem Baum, denn das ist für Dich verhängnisvoll und verderblich". So war's, das hat er gemeint. Von der Sünde ist überhaupt keine Rede. Ich bin ja nun kein Gelehrter im üblichen Sinne, dass ich Sprachforschung betreibe; zum Wort Sünde kann ich nicht allzu viel sagen. Aber ich habe doch nachgelesen. Und siehe da, alle gehen wie die Katze um den heißen Brei herum und sagen „die Tradition hat das dann den Sündenfall genannt" und dergleichen. In der Bibel kommt davon überhaupt nichts vor, das wurde erst später gesagt. Und das ist dann, weil es leicht war – das andere ist ja viel schwieriger – allgemein mit Beifall bedacht worden: „Ja, das war die Sünde, und Jesus hat dann die Sünde auch wieder aufgehoben" – und so bekommt man ein System, das überhaupt ohne Denken produziert wird. Ich bin dankbar, dass ich das hier so frei sagen darf, denn das entspricht nicht der Tradition, ganz egal ob evangelisch oder katholisch. Aber es verhält sich so: Sie finden dieses Mythische von Leuten, die auch nüchtern dachten wie wir, vorgeschaltet, und dabei dreht es sich um eine Phantasie, eine Dichtung: Sie werden in dieser Weise aus dem Paradies verworfen, und damit ist dieser Mythos zu Ende.

Dann komme ich auf die Menschen, wie sie wirklich sind. Das wird auch nie wirklich festgestellt, dass das, was dann kommt, im 4. Kapitel der Genesis steht. Also drei Kapitel vergehen über dieser Geschichte, von der ich eben geredet habe. Und dann steht in der Bibel, plötzlich sind die **Kinder** der ersten Menschen wirklich in der Welt da. Man kann sie auf die Weise der Erfahrung feststellen, sie sind nicht einfach phantasiert und gedichtet, sondern sie sind, wie wir jetzt sagen würden, oder mit Kant sagen würden, Produkte der reproduktiven Einbildungskraft. Man geht aus von der Erfahrung. Das erste war ein Produkt der bloßen Phantasie, aber von bedeutenden Leuten. Das ist schon bedeutend, aber es ist trotzdem Dichtung und Phantasie. Und dann geht es über – ich habe noch nie gefunden, dass man darüber weiter geredet hätte, und das ist doch der ganz entscheidende Punkt – zu

Kain und Abel, denn sie waren wirklich da. Sie gehören zur Welt wie wir – und Adam und Eva **nicht**. Das ist der Witz. Jetzt sind die beiden da, da ändert sich das Ganze, das sieht man jetzt, wie es bei den Leuten, die durch diesen Mythos verständlich gemacht werden sollen, wirklich aussah. Sie hatten das Bewusstsein, Gott ist der Herr, der Furchtbare, der Mächtige, der Allmächtige, und deswegen gab es den Kult, die kultische Verehrung Gottes, vor allem auch mit dem Opfer von Dingen, über die der Mensch verfügte, bei Abel mit seiner Herde und Kain mit den Früchten des Feldes. Und dann war der Wunsch, von denen, die nach dem Mythos die Ebenbilder Gottes sein sollten, vor Gott der zu sein, der der Beliebteste ist, der der Erste und Vorzüglichste ist. Und das wollte Kain sein, denn der Herr sah das Opfer Abels gnädiglich an und das Opfer Kains **nicht**, das sah er nicht gnädiglich an, und daraufhin geriet Kain in Wut und hat seinen Bruder erschlagen. Und so waren die beiden: Menschen, die wirklich, die wirkliche Menschen waren – die anderen waren ja Phantasie. Sie waren zwar nicht wirklich da, aber sie waren nach der Art wirklicher Menschen verstanden, wenn man in der Geschichte zurückgeht. (Das müssen Sie auch bedenken: „Geschichte", da weiß man doch nicht, was das ist. Wenn ich sehe, wie jemand sagt: „vor 70 Millionen Jahren..." – mit Ach und Krach kann er sich an das erinnern, was er vor 20 Jahren erlebt hat. Davon hat man ja gar keinen Begriff, obwohl man diese Zahlenverhältnisse durch Nullen usw. umschreiben kann.) Kain und Abel hat man natürlich auch nicht gekannt, aber man hat sie nach den Menschen, die wirklich da waren, entworfen; und das ist nach und nach immer weniger geworden, man hat immer mehr tatsächlich gewusst, und dann wurde die Einbildungskraft eben unbedeutend. Aber bei den beiden am Anfang, da war sehr viel [Einbildungskraft]. Die Sache blieb jedenfalls gleich: Gotteskult und Bewusstsein, sich selbst gegenüber den anderen Menschen durchsetzen zu müssen. Das hat übrigens auch Spinoza dann besonders betont, dass man durch diesen Sündenfall, wie man so sagt, durch dieses Essen der verbotenen Frucht, die verhängnisvoll ist, das Bewusstsein verloren hat, dass alle Menschen gleich sind, bzw. dass alle irgendwie geliebt werden müssen und dass jeder nur an sich dachte.[7] Daraus verstehe ich auch die Erschaffung der Eva: Eva und Adam wussten später nicht mehr zu verstehen, dass sie eins sind im Leibe und haben sich jeder als Ich angesehen, so dass man später sagen kann: ein Leib und zwei Iche. Wenn ich jetzt die heutige Sexkultur sehe, da weiß man natürlich nicht, was man mit der Formel anfangen

---

7   S. hierzu den letzten Satz der Fußnote 6.

soll: ein Leib und zwei Iche. Und diese Iche, die werden dann wahnsinnig; Kain hat auf diese Weise den Abel erschlagen, weil er bei Gott der Beliebteste sein wollte. Das ist der Anfang der Geschichte überhaupt, der Geschichte der wirklichen Menschheit in der Bibel. Da müssen Sie nachsehen, ob das wirklich bemerkt wird, mit welcher Eleganz man von der Einbildungskraft und Phantasie zum Geschichtlichen übergeht, was für die ersten Zeiten natürlich kein Bekanntsein war, aber so konzipiert ist, dass man von der natürlichen Erfahrung ausgeht. Diese beiden sind da, sie haben Eltern; Adam und Eva haben keine. Jene haben welche, und siehe da, schon schlägt der eine Bruder den anderen tot.

Das hat sich dann übrigens nicht weiter geändert, und deswegen kam es zu den Geboten. Es war nötig geworden, diese Gesetze, diese Gebote zu entwickeln, mit denen man verhindert, dass der Mensch so etwas tut, von dem man doch immerhin wusste, dass das dem Göttlichen nicht entspricht. Und da haben wir dann das ganze Alte Testament, das Gesetz, zumindest die ersten fünf Bücher Mose. Aber die anderen Bücher enthalten das Gesetz auch. Und das wird dann da dargestellt, und auf diese Weise wird auch alles dem Gesetz unterworfen. Und der Höhepunkt ist dann, das wissen Sie vielleicht, darüber können wir jetzt nicht weiter sprechen, dass Moses von Gott die Gesetzestafeln erhält. Und da gibt es das oberste Gebot: *Ich bin der Herr, dein Gott, du sollst nicht andere Götter haben neben mir*, und was dann daraus folgt, und solche [Gebote], die das Verhältnis zu den anderen Mitmenschen betreffen; und da war dann die Meinung diese, dass man sich nach diesen Geboten zu richten hätte, obwohl das, in der Geschichte von Moses, so dargestellt wurde, dass Gott dem Moses selbst steinerne Tafeln aushändigt, dass man danach sich zu richten hätte. Es blieb im Großen und Ganzen alles wie es war. Nämlich: Sie sündigten weiter. Das ist das, was die jüdische Geschichte so interessant macht, es gibt einerseits das Gesetz, den Herrn usw., aber im Grunde hat sich nichts geändert. Hier hätten wir auch etwas von Luther, was er in der *Vorrede auf das Alte Testament* geschrieben hat: „Denn Moses kan durchs Gesetz nicht mehr thun als anzeigen, was man thun und lassen soll."[8] Das sagt Luther also von Moses. „Aber Krafft und Vermögen solches zu thun und zu lassen gibt er nicht, und lesst uns also in der Sünde stecken."[9] Da sehen Sie mal, das ist ein bedeu-

---

8 Martin Luther: *Vorrede zum Alten Testament*, 1523 (Bibel 1545). In: *D. Martin Luthers Werke*. Weimarer Ausgabe. Weimar 1883–1929. Abt.3, Bd.8, Seite 21, Zeile 19–20.
9 Ebenda, Zeile 21–22.

tender Theologe gewesen, weil er die Sache so sieht, wie man sie sehen muss. Das Gesetz nützt nichts, sondern man sieht durchaus, wenn man so und so handelt, dann ist das verwerflich; aber der Charakter wird durchs Gesetz nicht geändert. Weswegen später bei Jesus im Grunde die Priesterschaft den Jesus umbringt. Also das ist klar, *er lässt uns in der Sünde stecken.* Das war die Situation, die mit dem Gesetz gegeben war, man hat das Gesetz befolgt, es gab sogar eine Verwaltung des Gesetzes durch die Priesterschaft, aber geändert hat sich dadurch an der Mentalität nichts Wesentliches. Diese Änderung soll dann dadurch geschehen, dass die Bibel als etwas angesehen wird, was es zulässt, dass noch mehr darin gesagt wird als das, was durch diese Gesetzesreligion angegeben wird. Und das geschieht dann durch die Evangelien.

Jetzt hätten wir also hier das Evangelium des Markus, das ist ja bekanntlich das älteste und das am meisten noch an der Sache orientierte, im ersten Kapitel, Vers 15: „Die Zeit ist erfüllet, und das Reich Gottes ist herbey gekommen. Thut Buße, und glaubet an das Evangelium." **Evangelium** heißt so viel wie die gute Botschaft, Heilsbotschaft, oder so etwas. *Die Zeit ist erfüllet, und das Reich Gottes ist herbeigekommen. Tut Buße und glaubt an das Evangelium.* Nun, wie weit wir da heutzutage gekommen sind, das sieht man daran, dass das erste christliche Fest, das man abgeschafft hat, der Buß- und Bettag war. Daran sehen Sie, was ich sagen will: Wir sind in einer christlichen Tradition, aber man kann nicht sagen, dass wir das ernst nehmen und verstehen, obwohl wir daraus sind.

Jesus kam nach Galiläa und predigte das Evangelium vom Reich Gottes und sprach: *Die Zeit ist erfüllet.* Damit haben sich alle Möglichen befasst, auch Mystiker usw., auch Meister Eckhart, mit dem ich mich früher in meiner ewigen Karriere öfter mal befasst hatte: *Die Zeit ist erfüllet,* vollendet, die Zeit ist an ihr Ende gekommen. Dazu muss man vor allem davon ausgehen, wie man die Zeit wirklich erlebt. Da kann ich z. B. sagen, die Zeit ist die Ordnung des Alterns. Dass ich nämlich dem Tode, den ich nachher selbst nicht feststelle, entgegengehe und so, wie Spinoza gesagt hat, den Tod mehr fürchte, als ich die Freude am Leben selber schätze. Das ist die Zeit. Das ist dann also das, was Kant alles mehr oder weniger indirekt behandelt, die Ordnung des Nacheinanders, eben diese Ordnung des Alterns, dass man immer nur verliert und verliert und verliert, bis die Sache sich verbraucht hat. Das erfährt man dann nicht mehr. Das, was die Zeit als Zeit bedeutet, das hat sie jetzt erreicht. Es ist das Ende der Zeit in gewisser Weise herbeigekommen, und das Reich Gottes ist herbeigekommen. Das Reich Gottes **ist** herbeigekommen. Er sagt **nicht**, das Reich Gottes **wird** herbeikommen, sondern es **ist** herbeigekommen.

Das ist also Jesus hier nach Markus. Von Jesus, auch das ist ja ganz interessant, hört man niemals, dass das ein Wunder wäre, dass er da war. So etwas habe ich noch nie gehört. Aber wenn er nachher ein paar Flaschen Wasser zu Wein umgewandelt hat, da heißt es dann: „Das war ein großes Wunder!" – völlig uninteressant! Aber dass Jesus selber da war, das hat man niemals als Wunder bezeichnet. Das liegt eben daran, dass das nicht zu dem gehört, was man feststellen kann, das gehört zum Sichverstehen! Jesus war da, und dadurch, dass er da war, kam das Bewusstsein auf, dass die Zeit vollendet ist, dass die Zeit an ihr Ende gekommen ist. Und dadurch ist etwas ganz anderes geschehen, als was man vorher gemeint hat. Und es ist auf eine ganz andere Weise geschehen als vorher, im Mythos von der Ebenbildlichkeit des Menschen. Das ist das, was ich jetzt nebenbei auch noch sagen will: Diese Ebenbildlichkeit des Menschen gehört auch zu dem, bei dem man nicht viel zu denken braucht. Dass man sich salbungsvoll äußert: „Wir sind ebenbildlich" – das ist diese Geschichte aus dem Mythos, während hier die Sache richtig steht: **Die Zeit ist an ihr Ende gekommen.** Es findet etwas statt, wo die Zeit nicht eigentlich mehr die Bedeutung hat, die sie bisher hatte. Das ist das, was mit Jesus ankam. Und da muss man nun eben die Evangelien lesen, und dann kann man sehr wohl nach meiner Meinung die Stellen heraushören, wo etwas steht; die anderen, die Wunder berichten, sind uninteressant. Davon, dass Wunder geschehen, haben Sie gar nichts! Aber dass die Zeit an ihr Ende gekommen ist, das ist natürlich eine ganz andere Weise der Sicht gegenüber dem Bisherigen. Und dann drückt Jesus das noch dadurch aus: *Das Reich Gottes ist herbeigekommen.* D. h. also, wir sind nicht mehr Ebenbilder Gottes, sondern das Reich Gottes findet jetzt in uns statt: Das also ist jetzt das christliche Denken im eigentlichen Sinne! Das Alte Testament war sozusagen die Vorbereitung. Und hier spalten sich die Traditionen, und Sie haben das Alte Testament und das Neue Testament. Das Neue Testament, das nur auf das Sichverstehen des Menschen bezogen ist und nicht auf etwas, das man mit dem Verstand oder mit der Vernunft feststellen kann. Weil es eben nur darauf bezogen ist, war es nicht imstande, das Alte Testament zu ersetzen, das mit den Gesetzen auf das, was man vorstellen kann, bezogen ist: Es ist das und das zu tun. Da wird gesagt, was man zu tun hat, z. B.: *Begehre nicht Deines nächsten Weib, Kind*, usw. Das ist klar, das waren also die Gesetze, und jetzt kommt es hier auf dieses Bewusstsein an: *Das Reich Gottes ist herbeigekommen.* Und daraus hat sich aus der Tradition des Alten Testaments die Tradition des Neuen Testaments entwickelt, so, dass das Alte Testament gleichzeitig weiterbestanden hat. Und daraus tritt dann natürlich die Frage auf bzw. man kann sich fragen, wie eigentlich das Verhältnis der Christen zu den

Juden ist, ganz unabhängig von den geschichtlichen Ereignissen. Aber das hier ist etwas anderes: Das Judentum hat das Christentum dadurch, dass Jesus verkündigt hat, hervorgebracht. Jesus hat verkündigt, und es ist dann dieses Andersartige aufgetaucht, dass das Reich Gottes herbeigekommen ist. Das ist durch das Gesetz **nicht** aufgetaucht. Aber das Gesetz, weil es sich auf das, was man feststellen kann, bezogen hat, ist dadurch nicht untergegangen. Wenn Sie heute predigen hören, dann wird das so behandelt. Vor allem das Gesetz wird, mit Recht, immer sehr geehrt, aber niemals dargestellt, wie nun das Gesetz zum Evangelium steht. Da war das, was Luther sagt, auch nicht befriedigend, muss man sagen: *Er [Moses] lässt uns in der Sünde stecken.* Und das soll jetzt also weg sein. Und zwar durch Christus, und nicht etwa durch den Tod Christi, von dem ist gar keine bedeutende Rede. Der Mensch weiß gar nicht, was der Tod ist. Das müssen Sie alles einmal bedenken, das ist doch ganz zentral: dass man ewig etwas hypostasiert, also etwas zu Dingen macht, die gar keine Dinge sind. Jesus hat verkündet: *Das Reich Gottes ist herbeigekommen.* Das war das Neue. Oder aber auch meinetwegen: *Die Zeit ist erfüllet.* Das zeitliche Sichverstehen des Menschen, das vom Tode geprägt ist und das vom Mythos her so war, dass die Menschen aus dem bloßen Gemachtsein heraus ihr Ebenbild Gottes realisieren wollten, das ist jetzt weg, es ist eine andere Weise, die Zeit zu verstehen, herausgekommen. Und da kann man sagen, dass diese Position, die hier von Jesus zugrunde gelegt ist, das christliche Denken insgesamt bestimmt hat und dass die abendländische Philosophie, soweit sie bedeutend ist, das, was hier von Jesus gesagt ist, als christliche Philosophie ausdrückt. Das waren eben die großen Bemühungen der Leute, die sich um die Gottesfrage bemüht haben, diese Frage zu lösen, wo man ja auch sagen muss: Man weiß gar nicht, wovon man redet. Das war auch mit der Schöpfung dieselbe Schwierigkeit. Also, das ist also nun so, dass dadurch, durch die Verkündigung, der Mensch sich befindet oder weiß, durch das Hören der Verkündigung Jesu – der ein Mensch ist wie alle anderen auch; er ist eben der Verkündiger, aber Mensch ist er –, dass dadurch auftritt, dass er [der Mensch] sie [die Verkündigung] versteht, verstehen muss in der Buße. D. h. also, „ich armer, elender, sündiger Mensch,…" usw. bedeutet, er hat das Bewusstsein, in der Verfehlung zu sein und dennoch im Reiche Gottes. Das ist der Witz. Und damit befasst sich die Philosophie, und nicht mit Feststellungen. Der Witz ist der, dass ich ein elender, sündiger Mensch bin, aber dass ich gleichwohl im Reiche Gottes bin. Und das ist die Verkündigung Jesu. Die Verkündigung Jesu tritt an die Stelle des Ebenbildes; hierdurch wird die Sache anders, es geschieht auf die Weise der Buße. Was mit Jesus gekommen ist, ist, dass der Mensch sich in der Buße versteht. Dann verhält es sich doch so: Wir haben das Bewusstsein der Verfehlung; und die Verfehlung ist zugleich das Innestehen im Reiche Gottes. Das ist, was man in der theologischen Sprache die Rechtfertigung nennt. Auf die Weise, dass ich mich wissen muss in der Buße, weiß ich mich auch gerechtfertigt. Dadurch, dass ich mich in der Buße verstehe, weiß ich mich gerechtfertigt. Und das tritt an die Stelle des Ebenbildes, das das ewige Wesen Gottes durch das Gemachte fassen will. Für mich ist es wirklich erstaunlich, dass man nie bemerkt hat, dass der Baum des Guten und Bösen auch nur gemacht war; er war in dem Garten, die Schlange schlängelte drum herum. Es ist schon eine Oberflächlichkeit der Lektüre. Jetzt ist die Sache so: Man hat das Bewusstsein, inne zu stehen im Reiche Gottes und erfährt dieses auf die Weise der Buße. Das ist die Situation, zu der man mit Jesus gekommen ist.

Und ich komme jetzt nur noch zu Kant. Kant hat gelebt von 1724–1804. Was meine Wenigkeit angeht, war das noch gar nicht so sehr weit weg, aber für Sie liegt das jetzt natürlich schon erheblich weiter zurück. Das geht schnell, das ist das, was das Erfahren der Zeit ist und nicht, dass ich sage: „vor 30 Millionen Jahren…" – da weiß ich gar nicht, von was ich da rede. Nur, dass es sehr lange her war. Das wirkliche Erfahren ist so: Wenn **Sie** jetzt von Kant reden, dann ist das schon ganz anders als bei mir. Mir war Kant noch relativ nahe. Meiner Meinung nach ist es so, dass Kant doch unter allen Philosophen der bedeutendste ist. Also von allen überhaupt, von heutzutage rede ich gar nicht. Da gibt's wahrscheinlich gar keine Philosophen mehr. Aber damals war das noch anders, und das werden Sie jetzt sehen. Also sehen Sie jetzt einmal nach der *Religion innerhalb der Grenzen der bloßen Vernunft*. Das ist eine Schrift des alten Kant, er war 70, als er das geschrieben hat. Es war nun bei Kant so, dass er sich immer wieder verbessert hat. Hier haben wir dann eine Anmerkung zur 2. Auflage von 1794. Und so hat er immer wieder verbessern und verändern müssen, was ja eine furchtbare Strapaze ist, und das geht von der *Kritik der reinen Vernunft* bis zum Tode hin. Daher kommt das Zweite, was auf meinem Zettel steht. Das wollen wir dann zum Abschluss lesen: Jetzt lesen wir eine Stelle aus der *Religion*, wo er das, was er dort gesagt hat, wieder verbessern will. In der Reclam-Ausgabe steht das auf S. 222. Das gilt ja auch schon gewissermaßen als ein Übergang zur Popularphilosophie, ist also nicht so schwer. Wenn man sich auf die Sache einlässt, wie die *Kritik der reinen Vernunft*, begreift man jedenfalls gar nichts. Deswegen hab ich das auch in meiner Vorlesung behandelt, und das war ganz interessant! Da ist alles auch nur verbessert, verbessert, verbessert. Weil eben die Sache nicht vorliegt. Das ist der Haken; das betrifft auch die alten Verfasser des Priesterkodex, die dieser Haltung entsprochen haben und die Sache vom

Anfang der Menschen und von der Welt überhaupt so darstellen, dass man etwas Vorliegendes hat. Doch bei Jesus heißt es: *Die Zeit ist erfüllet.* Wir wissen also gar nicht mehr, was die Zeit eigentlich bedeuten soll. Das ist uns offenbar geworden, und wir sind jetzt in dem Zustand des Innestehens im Reiche Gottes. Nun, wollen wir das hier bei Kant ansehen: „Es klingt zwar bedenklich, ist aber keinesweges verwerflich, zu sagen: daß ein *jeder* Mensch sich einen *Gott mache*"[10] – da sehen Sie es – sie machen sich einen Gott; vorher haben sie sich mit dem Gemachten auf der Erde beschäftigt. Aber jetzt muss man *Gott machen*, sich also machend mit Gott beschäftigen. Und auf welche Weise will man das eigentlich *machen*, wenn der, der der *Machende* ist, Gott ist, und wir selbst sind *gemacht*? Auf welche Weise *mache* ich denn eigentlich mein *Machen*? „Daß ein jeder Mensch sich einen *Gott mache…*" Und da muss man immer beachten, was Kant hervorgehoben hat: „Es klingt zwar bedenklich, ist aber keinesweges verwerflich, daß ein *jeder* Mensch sich einen Gott mache." Also das ist jetzt das Christliche, es ist kein Unterschied. Es ist gleich, ob ich jetzt hier über diese Dinge rede, oder jeder von Ihnen, oder solche, die überhaupt nicht hier sind. Das ist gleich. Das ist deswegen bedenklich, weil natürlich immer schon der Priesterstand da ist, der Ihnen mitteilt, wie man darüber zu denken hat. Das ist aber nicht so. Jeder Mensch muss sich seinen Gott machen. Das ist also die erste Aussage, die hier steht „…ja nach moralischen Begriffen" – (jetzt kommt eine Klammer, die lassen wir weg) also nach dem, wie man sich selbst verstehen soll – „sich einen solchen selbst machen müsse, um an ihm den, *der ihn gemacht hat*, zu verehren."[11] Der Mensch hat also ein Bewusstsein, dass er gemacht ist. Aber er kann gleichwohl auch machen. Das ist das Innestehen im Reiche Gottes, er ist nicht nur gemacht – wir elenden, endlichen Subjekte – er ist auch im Reiche Gottes! Das ist die Schwierigkeit an der Geschichte. Es wird gerne gesagt: „Unendliches – Endliches; wir sind leider endlich, aber…" Das ist es aber nicht, sondern wir sind es so, dass wir auf diese Weise des Gemachtseins am Machen teilhaben. Das ist es, was er sagt, und das äußert sich dadurch, dass ich mich auf die Weise des Machens mit dem beschäftigen muss, was Gott bedeutet. Das sind Gedanken, meiner Meinung nach, die heute niemand, auch sogenannte Philosophen nicht, hervorbrächten. Vielleicht täusche ich mich auch.

---

10 Immanuel Kant: *Die Religion innerhalb der Grenzen der bloßen Vernunft.* Hrsg. von Rudolf Malter. Stuttgart: reclam, 1974 u. ö., S. 222 Anm.
11 Ebenda.

„Denn auf welcherlei Art auch ein Wesen als *Gott* von einem anderen bekannt gemacht" – also so, dass man jetzt z. B. davon hört, „und beschrieben worden, ja ihm ein solches auch […] selbst erscheinen möchte, so muß er diese Vorstellung doch allererst mit seinem Ideal zusammen halten […]."[12] Das ist auch sehr richtig; was wir von Gott normalerweise bekommen, sind **Vorstellungen**. Und er sagt, wenn ich mich auf die Weise des Machens mit dem beschäftige, was Gott sein möge, dann habe ich **nicht** eine Vorstellung, sondern es geht mir um das **Ideal**. So hat er das genannt. Dieser Terminus, *Ideal*, spielte in der Philosophie vorher keine große Rolle, und Kant hat ihn auch erst hier etwas mehr betont, da kommt *Ideal* öfter mal vor. Also ich denke jetzt: „Was mag Gott sein?" Kann ich das verstehen, (also verstehen, statt: begreifen) – kann ich das verstehen? Und dann sehe ich, dass alles das, was mir mitgeteilt wird, als ob man ihn als etwas Gegebenes vorstellen kann, also etwa: „Der Herr ist das, was die absolute Freiheit hat, und unsere Freiheit ist beschränkt" usw., dass mich das zu gar nichts führt. Das ist jetzt die entscheidende Frage: Habe ich überhaupt etwas wie das Göttliche gemeint? Dann muss ich das ohne Vorstellung meinen können. Doch wir reden noch davon, um so etwas nicht nur im Allgemeinen zu behaupten. In der Bibel z. B. gibt es **Vorstellungen**; dazu gehört auch die Gesamtheit der Wunder und all das. Aber auch im Alten Testament, wenn Gott kommt und sich als Herr mit diesen Leuten unterredet usw. – muss das alles entsprechend vorgestellt werden. In diesem Falle haben die Leute sich nicht einen Gott **gemacht**, sondern sie haben **Vorstellungen**. Es dreht sich also darum, den zu machen, der mich gemacht hat. Und dieses Gemachtseins, dessen bin ich mir bewusst. Aber trotzdem muss ich ihn daraus im Machen, so dass ich ihn als den Machenden verstehen kann, aufzufassen suchen. Dann also „muß er diese Vorstellung allererst mit seinem Ideal" – mit diesem Ideal, das er macht – „zusammen halten, um zu urteilen, ob er befugt sei, es für eine Gottheit zu halten", was da **vorgestellt** ist, als Wesen, das ihm **erscheint**, „und zu verehren." – „Aus bloßer Offenbarung" (das wäre alles das, was wir in der Bibel haben) „ohne […] Begriff *vorher*" – nämlich dieses Machen – „in seiner Reinigkeit, als Probierstein, zum Grunde zu legen, kann es also keine Religion geben".[13] Das ist jetzt ein christlicher Denker. Kant war nicht sehr

---

12 Kant: *Die Religion*…, op. cit., S. 222 Anm.
13 Kant: *Die Religion*…, op. cit., S. 222f.

kirchlich, das war er wirklich nicht, er hat gesagt „Bußtag: **ja**, Bettag: **nein**"[14].
Wenn ich aber nun etwas habe, das mir durch Wunder und dgl. vorgestellt
wird, dann habe ich doch überhaupt keinen Gottesbegriff; ich habe Begriffe
von weltlichen Dingen, die sehr großartig sein sollen, aber es sind doch nur
weltliche Dinge, das ist gar nichts Besonderes. Ich muss Ihnen wirklich
sagen, wenn jemand mir mitteilt, da hat wirklich jemand Wasser in Wein
verwandelt, dann würde ich keine große Emotion dafür empfinden. Man
kann sich's ja auch wirklich nicht vorstellen. Aber käme das nun wirklich vor
– naja, was soll das schon großartig sein? Aber wie dem nun auch sei, für uns
ist das Entscheidende, dass er sagt, er muss es **machen**. Er muss sich auf die
Weise des Machens um das bemühen, das wirklich das Göttliche ist: Dieses
Innestehen im Reiche Gottes. Und das geschieht auf die Weise der Buße.
„Bußtag: **ja**". Dann bin ich eher imstande, mich zu dem Göttlichen zu erhe-
ben als ohne dieses Bewusstsein. „Tut Buße", und dann: „Glaubt an das
Evangelium." Die Buße ist das Erste, und dass man sie tut, dazu ist die Ver-
kündigung Jesu nötig gewesen. Das wird da gesagt; und dann geht es in der
Apostelgeschichte so weiter, dass es auch überhaupt, wenn es einmal auf die
Erde heruntergekommen ist – nicht nur bei denen, die es wirklich gehört
haben – dann, ganz allgemein als die Verkündigung, den Menschen im Bewusstsein mitgegeben wird.

Sehen Sie das jetzt einmal an, damit Sie sehen, was Kant gemeint hat.
Wenn Sie diese Schrift hier lesen, dann werden Sie sehen, dass er auch viel
Papier darauf verwendet, sich mit den Zuständen seiner Zeit auseinanderzusetzen, und das ist uninteressant. Aber hier ist eine interessante Stelle: Kant
sagt, der ethische Naturzustand der Menschheit ist „eine öffentliche" – also
für jedermann geltende – „wechselseitige Befehdung der Tugendprinzipien
und ein Zustand der innern Sittenlosigkeit, aus welchem der natürliche
Mensch, so bald wie möglich, herauszukommen sich befleißigen soll".[15]
Zum Moralischen gehört auch, dass er schlecht ist. Und jetzt befleißigt er
sich, aus diesem Zustand herauszukommen, und dann steht dann da auf der
nächsten Seite: „Hier haben wir nun eine Pflicht von ihrer eignen Art nicht

---

14 S. z. B. Kant: *Opus postumum*, AA [Akademie-Ausgabe] 21: 155.09–10: „Ein
   B u ß t a g , nicht blos ein B e t t a g sollte heute begangen seyn. Ich muß meine Schuld
   in Ansehung des Andern gethanen Übels büssen." Oder auch, a. a. O., 150.14–16:
   „Ein Bettag ist ein ganz überflüßiges Ding welches alle Sonntag abgekanzelt wird und
   nichts bewirkt. – Aber ein Bußtag Kraftvoll und Seeleneindringend vorgetragen ist
   ein warer Heiligentag."
15 Kant: *Die Religion…*, op. cit., S. 124.

der Menschen gegen Menschen, sondern des menschlichen Geschlechts gegen sich selbst."[16] Also das ist das, was das menschliche Geschlecht aus sich machen soll, aus dem Zustand herauszukommen, dass der Mensch die anderen unter dem Gesichtspunkt der Selbstsucht betrachtet. Das ist an und für sich eine Pflicht des menschlichen Geschlechts gegen sich selbst. Das wird hier noch ausgeführt und gesagt: „Man wird schon zum voraus vermuten …"[17], dass diese Pflicht nicht die Pflicht der Menschen gegen Menschen ist. Das, die Pflicht der Menschen gegen Menschen, ist der berühmte kategorische Imperativ; der ist deswegen berühmt, weil er das Leichteste bei Kant ist, weswegen auch alle davon reden. Ich kann z. B. auf mein Koppelschloss schreiben „Mit Gott für König und Vaterland". Das schreibt der Deutsche genauso gut wie der Franzose – d. h. sie treten mit Gott gegeneinander in den Krieg. Und das geht vom Einzelnen aus. Und wie ist es denn möglich, wenn ich den dt.-frz. Krieg beginne, dass die Deutschen „Mit Gott für König und Vaterland" schreiben und die Franzosen schreiben das auch? Das ist der kategorische Imperativ, der sich auf Sachverhalte bezieht, und das ist die Pflicht einzelner Menschen gegen einzelne Menschen, und die geht vom Vorhandenen aus. Hingegen ist die Pflicht gegen das menschliche Geschlecht die Pflicht, die ausgeht von der aus der Buße entstehenden Gesinnung, den anderen zu verstehen aus der Gemeinschaft der Kinder Gottes in Christus. Dann sieht die Sache natürlich ganz anders aus. Das tut keiner, der auf seinem Koppelschloss stehen hat „Mit Gott für König und Vaterland". – Denn der König ist so sehr wie andere auch von dieser Gemeinschaft der Kinder Gottes in Christus weit entfernt.

„Hier haben wir nun die Pflicht von ihrer eignen Art nicht der Menschen gegen Menschen, sondern des menschlichen Geschlechts gegen sich selbst." Das ist also überindividuell, betrifft das menschliche Dasein als solches, insofern es lebende Wesen sind, die sich selber verstehen.

Dann nehmen wir jetzt noch das Letzte, was ich mir notiert habe. Das ist nun aus dem sog. *Opus postumum*, das sind die hinterlassenen Schriften, die dann nicht mehr veröffentlicht worden sind, so um 1800 herum, manchmal ein bisschen später.

Nun diese Stelle; sie hat eine Überschrift: **Es ist ein Gott**. Das steht da so in Fettdruck, und dann kommt das: „Es ist ein Wesen in mir was von mir unterschieden im Causalverhältnisse der Wirksamkeit auf mich steht (*agit,*

16 Kant: *Die Religion…*, op. cit., S. 125.
17 Ebenda.

facit, operatur)."[18] Wenn man darüber jetzt reden will, dann hat man genau das, was man in dem Mythos von der Erschaffung der Welt durch Gott in der Bibel hatte. *Agit, facit, operatur*: er handelt, er macht, er wirkt, heißt das. – Solch ein Wesen bin ich selber, aber dieses Wesen ist zugleich über mir: „Es ist ein Wesen in mir, das von mir unterschieden, im Kausalverhältnisse der Wirksamkeit auf mich steht (*agit, facit, operatur*) …" Also muss die Sache so sein: ich erfahre mich selber, aber ich erfahre mich in gewisser Weise, indem ich mich selber erfahre, immer nur selber erfahre, auch in Unzulänglichsein zu dem, was ich selber bin. Es ist ein Wesen in mir, was zugleich über mir ist. Indem ich mich in der Unzulänglichkeit zu dem erfasse, was da über mir ist, erfasse ich dieses Wesen, das mehr ist als ich. Es ist aber ein Geschehen in mir selbst, das Innestehen im Reiche Gottes. Das müssen Sie immer so ansehen: Man muss möglichst versuchen, die Sache sozusagen ohne Beziehung anzusehen. Nicht dass Sie sagen: „Ich bin da drin und dann ist das Reich Gottes um mich herum" und dgl., sondern es ist ein Innesein, das das Menschsein ausmacht. Und das Menschsein geschieht in diesem Innesein auf die Weise des Bewusstseins der Buße. Wir stehen im Reiche Gottes auf die Weise des Bewusstseins der Buße; dadurch, dass wir dies haben, haben wir das Bewusstsein des Reiches Gottes, und das Bewusstsein des Reiches Gottes ist dann wieder das Bewusstsein des Gerechtfertigtseins. Das steht auch in dem, was dann da kommt. Aber zunächst steht hier, dass das nicht etwas ist, was man in der Natur vorfindet. Kant redet ja auch gerne davon: In der Natur ist nichts frei, alles wird durch das Frühere bestimmt und dergleichen mehr. Wir sind überall durch das bestimmt, was wir schon sind. Diese Ordnung gilt hier gerade nicht, und deswegen ist die Sache so: Da ist eine Freiheit, die vom Naturgesetze im Raume und in der Zeit nicht abhängig ist. „Es ist ein Wesen in mir, das in dem Kausalverhältnisse der Wirksamkeit auf mich steht" – das geschieht aber alles in mir – „(agit, facit, operatur), welches, selbst frei, d.i. ohne vom Naturgesetze im Raume und der Zeit [abhängig zu sein …]" – d. h. dass ich immer davon ausgehen muss, dass ich schon da bin und dass ich nie über mich verfüge und so im Raume lebe, wie z. B. wir jetzt hier –

18 Die Stelle lautet im Ganzen (AA 21: 25.02–09): **Es ist ein Gott.** Es ist ein Wesen in mir was von mir unterschieden im Causal//Verhältnisse der Wirksamkeit (*nexus effectivus*) auf mich steht (*agit, facit, operatur*) welches, selbst frey d. i. ohne vom Naturgesetze im Raum und der Zeit abhängig zu seyn mich innerlich richtet (rechtfertigt oder Verdammt) und ich der Mensch bin selbst dieses Wesen und dieses nicht etwa eine Substanz ausser mir und was das befremdlichste ist: die Caussalität ist doch eine Bestimmung zur That in Freyheit (nicht als Naturnothwendigkeit).

„und ich der Mensch bin selbst dieses Wesen." Gut. Und dann steht da dazwischen, „welches Wesen, selbst frei, mich innerlich richtet, rechtfertigt oder verdammt." Die eigentliche Wirksamkeit ist Rechtfertigung und auch Verurteilung. Ich persönlich würde nicht so gerne sagen: verdammt, das ist der kantische moralische Rigorismus – Kant war Rigorist. Aber das Entscheidende ist, dass Kant die Rechtfertigung an erster Stelle genannt hat. Die göttliche Tätigkeit erfahre ich auf die Weise, dass ich mich selbst als gerechtfertigt und zugleich in der Buße erfahre. In dieser Weise erfahre ich mich im Reiche Gottes und in Gott, aber das ist die Erfahrung meiner selbst. Ich selbst bin Innesein im Reiche Gottes, nicht so, dass es mich umgibt usw., sondern dass ich das Geschehen des Reiches Gottes auch bin, wie andere auch. Das Geschehen dieses Reiches Gottes, das ist Rechtfertigung, die ich aber immer nur habe, indem ich mich zugleich auf die Weise der Buße erfahre. Und wenn das zusammenkommt, Buße und Rechtfertigung, dann kommt das, was da noch steht. Dass dieser Gott nicht eine Substanz außer mir ist, das ist klar, das ist das Übliche, was man hier im Raume hat usw. „Was das Befremdlichste ist, die Kausalität ist eine Bestimmung zur Tat in Freiheit." Indem ich mich selbst in dieser Weise in Gott fühle, zugleich gerechtfertigt und auch verdammt, da bin ich frei. Das ist die Freiheit. Schauen Sie mal nach in all den Lexika usw., kein Mensch schreibt darüber. Hier ist es bei Kant immerhin eine Schrift, die in den Gesammelten Werken Band 21, S. 25 steht.

Das Entscheidende ist aber, die Freiheit ist dieses Geschehen, dass ich mich weiß, bewirkt von mir selbst, indem das zugleich auch über mir ist, auf die Weise, dass ich gerechtfertigt und auch verurteilt bin: mich also in der Buße erfahre und gleichzeitig in der Erlösung. So finden wir statt. Das ist das, was jeden Menschen charakterisiert, dass er das Machen Gottes nur so realisieren kann, auf die Weise und aus dem heraus, dass er darin auch das Gemachtsein ist, auf die Weise des Gemachtseins das Machen hat. Das heißt hier, ich bin ein Wesen, das, indem es da ist, zugleich ein anderes Wesen hat, das „über mir ist, welches selbst frei, ohne vom Naturgesetz abhängig zu sein, mich richtet" – das ist die Tätigkeit Gottes und das ist meine Freiheit, weil ich es selber bin. Ich bin also selber das Gericht Gottes, aber nur auf die Weise der Buße.

Also erwägen Sie das nochmal mit dieser Freiheit, die zugleich Rechtfertigung und Verdammnis ist, und die dieses beides zusammen nur als Freiheit sein kann. Niemals so, dass ich sagen kann, ich bin frei – und dann sage ich vielleicht noch, ich bin frei **für** etwas, und dergleichen. Das sind alles Redensarten. Sondern das Verständnis ist so: Ich weiß mich frei, hier nach

Kant, und das ist eben die Vollendung, oder Durchführung, Ausführung des christlichen Glaubens im philosophischen Denken, auf die Weise, dass ich in der Buße zugleich mich gerechtfertigt weiß. Das ist Freiheit.

So, da haben wir einen schönen Vortrag gehabt im Geist des Erbacher Hofes.